TURNO DA NOITE

A marca FSC® é a garantia de que a madeira utilizada na fabricação do papel deste livro provém de florestas que foram gerenciadas de maneira ambientalmente correta, socialmente justa e economicamente viável, além de outras fontes de origem controlada.

Aguinaldo Silva

Turno da noite
Memórias de um ex-repórter de polícia

Copyright © 2016 by Aguinaldo Ferreira da Silva

*Grafia atualizada segundo o Acordo Ortográfico da Língua Portuguesa de 1990,
que entrou em vigor no Brasil em 2009.*

Capa
Christiano Menezes

Fotos de capa
Arquivo / Agência O Globo

Pesquisa
Maurício Meireles

Preparação
Mariana Delfini

Revisão
Carmen T. S. Costa
Ana Maria Barbosa

Dados Internacionais de Catalogação na Publicação (CIP)
(Câmara Brasileira do Livro, SP, Brasil)

Silva, Aguinaldo
    Turno da noite : memórias de um ex-repórter de
polícia / Aguinaldo Silva. – 1ª ed. – Rio de Janeiro :
Editora Objetiva, 2016.

    ISBN 978-85-470-0012-7

    1. Artigos jornalísticos – Coletâneas 2. Jornalistas
– Brasil 3. Memórias autobiográficas 4. Repórteres e
reportagens 5. Silva, Aguinaldo I. Título.

16-04121   CDD-070.43092

Índice para catálogo sistemático:
1. Repórteres : Jornalismo : Memórias 070.43092

[2016]
Todos os direitos desta edição reservados à
EDITORA SCHWARCZ S.A.
Rua Cosme Velho, 103
22241-090 – Rio de Janeiro – RJ
Telefone: (21) 2199-7824
Fax: (21) 2199-7825
www.objetiva.com.br

Sumário

PARTE 1

Prólogo, ou quando o fato se aproxima da ficção 9

Isaurinha Garcia me olha com desdém e pergunta:
"Esse merdinha escreveu um livro?" 13

Ao som dos teletipos, a euforia na redação:
"Marilyn Monroe morreu!" 26

Passeando de cueca na praça da Bandeira em plena luz
do dia 37

"Tira esse traseiro sujo de cima da minha mesa!" 45

"Quem reescreveu essa matéria sobre a Wilza Carla?" 52

Baixada Fluminense, anos 70: como num filme de
bangue-bangue 56

A difícil busca do fato, ou "Eu estou aqui a trabalho!" 61

Crimes célebres, ou uma pré-Angelina Jolie em pleno
subúrbio carioca 74

Homens de Ouro, de Aço, de Ferro... quando eles eram
reis 90

"É o fim do mundo", gritavam os jornaleiros. "Um jornal
de veados!" 101

PARTE 2

O crime do Sacopã, ou, como diria David Nasser, "falta apenas vergonha no Brasil"? | *Opinião*, 18 a 28 de dezembro de 1972 121

Um circo chamado sequestro | *Opinião*, 10 a 17 de setembro de 1973 131

Uma tragédia americana | *Opinião*, 14 de fevereiro de 1975 136

Uma sepultura para Araceli | *Movimento*, 14 de julho de 1975 141

Pobres Homens de Ouro | *A Revista do Homem*, setembro de 1975 151

O cidadão Nélson Duarte | *Opinião*, 20 a 27 de novembro de 1972 164

"Ringo" Mariel & as forças ocultas | *Opinião*, 19 a 26 de março de 1973 172

A soturna alegria | *Opinião*, 29 de janeiro a 5 de fevereiro de 1973 183

O crime do desemprego | *Opinião*, 17 de junho de 1974 190

A exceção e a regra | *Opinião*, 2 de setembro de 1974 194

O bandido à revelia | *Opinião*, 31 de janeiro de 1975 197

Os crimes da Baixada Fluminense | *Movimento*, 18 de agosto de 1975 202

E os outros, "São Figueiredo"? | *Movimento*, 9 a 15 de julho de 1979 207

Ibrahim Sued: *Vinte anos de caviar* | *Opinião*, 27 de novembro a 4 de dezembro de 1972 210

Parte 1

Prólogo, ou quando o fato se aproxima da ficção

Dia desses — vai fazer dois anos —, tentando fugir do trânsito caótico do Rio de Janeiro, enquanto seguia pelo Alto da Boa Vista, entrei por uma rua secundária... e fui parar numa favela. As vielas foram se estreitando até que meu carro ficou entalado numa delas, sem que eu conseguisse manobrar. Um amigo que seguia comigo no carro entrou em pânico e perdeu o controle:

"Essa favela é perigosa, vão achar que a gente é da polícia, vão nos fritar no micro-ondas, vão nos matar!"

No melhor estilo dos filmes de Hollywood, dei-lhe um tapa na cara para que se acalmasse. E logo depois vi quando um garoto saiu de um dos barracos e ficou parado ali na porta a nos observar.

"Aquele merdinha é um olheiro!", começou a gritar meu amigo, mas parou quando levantei a mão outra vez e ameacei dar outro tapa. O garoto, depois de fechar com o maior cuidado a porta de casa, saiu correndo pela viela através da qual havíamos chegado àquele impasse até sumir lá no fundo. Eu o acompanhava pelo retrovisor.

"Ele foi chamar os soldados do tráfico!", disse o meu amigo. E ali, com meu carro entalado, não tive como discordar.

Esqueci de dizer que era véspera de Natal, fazia um dia lindo de verão carioca, e eu cheguei a pensar que — não era justo! — aquele não era o melhor dia, nem a hora certa, para morrer. Então vi pelo retrovisor que o garoto estava de volta, agora acompanhado de quatro adolescentes armados com fuzis.

Mal chegaram junto de nós, um que parecia ser o "comandante" da tropa mandou que eu abrisse o vidro e, claro, obedeci. Depois de olhar para dentro do carro, ver meu amigo morder os beiços de pavor ao meu lado e os pacotes de presentes sobre o banco traseiro, ele perguntou:

"Que é que tá pegando, vovô?"

Tentando ignorar o fuzil que apontava direto para o meu peito, olhei para ele e, como o velhinho frágil que na verdade sou, respondi, aflito:

"Eu errei o caminho e me perdi, meu filho, e agora preciso de ajuda, não consigo manobrar meu carro pra sair daqui!"

O rapaz do fuzil ficou me olhando sob a expectativa do garoto e de seus companheiros... Até que me disse:

"Dá pro vovô descer?"

Eu obedeci e, sob a mira dos fuzis dos outros, fiquei ali de pé, enquanto o rapaz entrava no Volvo C-60 e assumia o volante com uma intimidade de quem o dirigia há anos — com meu amigo do seu lado a se fingir de morto. Numa sequência de manobras rápidas e peritas, conseguiu colocar meu carro de frente para a saída, depois desceu dele e disse:

"Agora o vovô já pode ir."

Agradeci acho que um milhão de vezes. Depois entrei no carro, olhei para o meu amigo e me certifiquei de que ele ainda estava vivo, apesar de não aparentar. Já ia dar a partida quando o rapaz que manobrara o carro se adiantou e, apontando em direção ao banco traseiro, perguntou:

"E aqueles presentes, hein, vovô?"

"São todos pra você."

Talvez vocês que me leem não dessem a mesma resposta numa hora dessas. Mas a minha longa vida como jornalista policial me ensinou a ser safo e rápido no gatilho, além de cínico, quando necessário.

O rapaz mandou que seus companheiros recolhessem todas as sacolas e, depois que eles terminaram a tarefa, ainda me disse:

"Vai com Deus."

Ao que arrematei:

"Que Ele fique com nós todos."

E dei partida no carro, sem a menor pressa, com um sorriso beatífico nos lábios, a fingir que tinha adorado aquele safári no buraco quente, no inferno ou — como preferem os bons de coração, mas sem nenhuma experiência real de vida — na *comunidade*.

Nesses anos todos, agora já passados, em que me envolvi com os tipos e as situações que conto a seguir, nunca me vieram à cabeça as perguntas que agora, enquanto escrevo esses relatos, me faço:

Como é que não morri? Por que não amanheci, como tanta gente, num local ermo, numa vala qualquer, "com a boca cheia de formigas", como se dizia na época sobre os que tombavam vítimas da violência?

Talvez porque, enquanto produzia esses textos, eu nunca parasse para pensar e ter medo. Apenas fazia o que me pediam, que era relatar, do meu modo pessoal, aqueles fatos terríveis. Não, nunca tive medo, como tenho agora de sair nas ruas de Copacabana, por exemplo, com um relógio no pulso, por mais barato que ele seja.

O que isso significa? Que aqueles fatos, que então me pareciam terríveis, eram apenas o ensaio do que hoje se considera a rotina do Rio de Janeiro, esta que é vivida por seus moradores sem maiores espantos. Nos anos 1970 e 1980, tudo que se lerá aqui parecia o pior em matéria de ações criminosas. Mas era apenas o começo.

Isaurinha Garcia me olha com desdém e pergunta: "Esse merdinha escreveu um livro?"

"Sou um caso raro de precocidade e intuição." Essa frase abria a carta que enviei à Editora do Autor em maio de 1961 com os originais do meu terceiro romance, *Redenção para Job*, com um propósito: chamar a atenção dos donos da editora — Fernando Sabino, Vinicius de Moraes, Rubem Braga e Paulo Mendes Campos — para "a minha imodestíssima pessoa".

Tinha eu então dezessete anos e morava no Recife. Trabalhava durante o dia como datilógrafo num cartório e estudava à noite. E, sem vocação para nada — meu pai me queria advogado, minha mãe, padre —, eu só gostava mesmo de fazer duas coisas: ler e principalmente escrever romance após romance, o que eu não considerava uma possível futura profissão nem mesmo uma vocação, mas apenas um brinquedo de criança.

Lembro-me das noites em que chegava do Colégio Salesiano e não saía para a farra: ficava em casa martelando as teclas da minha Smith and Corona jurássica que um tio abastado me dera de presente — e depois cobrou —, enquanto os vizinhos do apartamento ao lado reclamavam do barulho. Sim, escrever para mim era um brinquedo... Até o dia em que um jornalista, depois de ler os originais de outro livro meu jamais publicado — *Um pálido silêncio* —, me disse que ao escrever aquelas 178 páginas eu não estava brincando, e sim exercendo, já com a segurança digna de um veterano, o meu futuro ofício de ficcionista.

(Como se verá a seguir, até que me tornasse um jornalista, quase todas as pessoas que interferiram em minha vida ou me influenciaram nessa fase inicial exerciam essa mesma profissão... E Madame Gertrudes, aquela que traz de volta a pessoa amada em três dias, se consultada a respeito certamente veria nisso algum tipo de predestinação.)

O nome desse primeiro jornalista que conheci era Newton Farias. Ele era editor do *Jornal do Commercio* do Recife e se matou com um tiro no dia 10 de abril de 1964, depois que a polícia invadiu sua casa no bairro de São José pela quarta vez e retirou de lá, "para exame e averiguação", mais uma leva dos seus livros raros e muito queridos. Newton era um grande jornalista e um leitor voraz. A ele dediquei *Redenção para Job* quando este foi publicado — pois o tom arrogante da minha carta causou o efeito desejado e, vinte dias depois de recebê-la, Fernando Sabino foi ao Recife assinar um contrato de publicação comigo.

Mas não foi pelas minhas belas letras que cheguei a Newton, e sim pelos meus belos olhos... Ou, dizia o próprio, "pelas minhas belas pernas". Pois ele tinha uma preferência da qual não fazia segredo: gostava de garotos. Éramos todos menores de idade e éramos muitos. E, hoje sinto remorsos em dizê-lo, fazíamos da vida dele um inferno. Aparecíamos nas horas mais impróprias na redação do *Jornal do Commercio* para acossá-lo com nossas demandas, invadíamos a casa de vila onde ele morava no bairro de São José e escandalizávamos, com nossos cruéis jogos infantis, seus indignados vizinhos... Mas o fato é que, embora se mostrasse furioso e nos expulsasse de sua vida de vez em quando, Newton gostava daquela confusão que fazíamos. Éramos os filhos meio malditos daquele homem solitário e extremamente bondoso — éramos a sua prodigiosa família.

Recordo as tardes modorrentas de domingo na casa dele, com pelo menos meia dúzia de garotos seminus a ocupar todos os cantos daquele espaço exíguo, se movimentando como se flutuassem em meio à fumaça dos cigarros que ele fumava — muitos, às vezes dois ao mesmo tempo. Se fechar os olhos agora verei diante de mim Fernando Maysa, que tinha esse apelido porque seus olhos pareciam com os da cantora. É como se eu estivesse no centro mesmo daquele dia em que falei para Newton Farias, numa hora em que estávamos todos amontoados na sua cama, que "brincava de escrever". Ele disse: "Então me mostre os seus brinquedos".

Antes de prosseguir, me deixem mais uma vez fazer justiça a Newton Farias. Ele era um grande, imenso jornalista. Formara várias gerações de profissionais — e para isso nem todos tiveram necessariamente que passar pela casa ou cama dele. Com alguns cheguei a trabalhar durante meus tempos de profissional lá no Recife, e de todos só ouvi palavras de profundo respeito a ele. Sua morte, poucos dias após o golpe de 1964, quando eu trabalhava no *Última Hora — Nordeste* — que fora invadido na madrugada do dia 31 de março e tivera suas instalações destruídas, antes de ser fechado —, foi o meio que ele achara para dizer "não" ao que estava acontecendo e — nas palavras dele, talvez as últimas que me disse — a "tudo de horrível que agora vai acontecer no belo país em que vivíamos".

Mas seu suicídio não chegou a ser pranteado e seu enterro quase não teve acompanhantes, pois a notícia só nos chegou aos poucos. Eu mesmo só a recebi dias depois, quando passava alguns dias escondido no convento dos beneditinos, em Olinda. Lá também estava Fernando Maysa, um esquerdista fanático que, tal como Vladimir Palmeira, no Rio, costumava subir em postes no Recife para fazer discursos cheios de som e fúria, mas completamente vazios de significado. Fiquei mais algum tempo no convento, porém Maysa logo foi expulso depois de criar situações que os religiosos consideraram impróprias e, bem, após tentar converter os frades à sua própria religião, para alguns deles — mas só alguns — abominável. Mais tarde ele seguiria pelo mesmo caminho de Newton Farias: dois anos após a decretação do AI-5, debaixo de uma árvore no quintal de sua casa em que, como um improvável personagem de Gabriel García Márquez, criava dezenas de pássaros aprisionados em gaiolas, Fernando Maysa se matou com um tiro.

Mas deixemos para trás essas histórias de depressão e suicídios. Quando entreguei a Newton Farias os originais de *Um pálido silêncio*, ele estava bem vivo. E ficou mais ainda depois de ler o texto e me dizer entusiasmadíssimo, no elevador do *Jornal do Commercio*: "Achei melhor que os primeiros livros de Jorge Amado". A cantora Isaurinha Garcia, que também estava no elevador discutindo com o ascensorista — que dormira com ela na noite anterior e, por alguma razão, a deixara profundamente insatisfeita —, ao ouvir isso interrompeu a discussão e perguntou a Newton: "Esse merdinha aí escreveu um livro?". A resposta de Newton: "Um grande livro". E o comentário final de Isaurinha, depois de me olhar de cima a baixo: "Duvido".

Quanto à comparação com "os primeiros livros de Jorge Amado", preferi ignorá-la, pois não havia lido nada do criador de Gabriela e Tieta; sem ninguém que orientasse minhas leituras juvenis, pulara de Monteiro Lobato direto para os russos. Para disfarçar minha ignorância, disse a ele que já estava escrevendo outro livro, que seria *Redenção para Job*, e ele exigiu: "Acabe o quanto antes e me traga, eu quero ler primeiro". Foi o que fiz. Newton leu o livro e, numa bela noite de abril daquele feliz 1961, enquanto comíamos um chambaril no cais de Santa Rita, depois de beber duas cachaças ele proclamou:

"Você é um escritor do caralho e tem que ser publicado."

A essa altura — desde que Newton descobrira meu talento para a escrita — eu já deixara de ser um dos seus meninos e ele passara a me tratar como um igual. Mais igual ainda quando, pouco mais de um ano depois, eu me tornei jornalista. Folguedos em sua casa nunca mais; passamos a ser colegas, amigos, irmãos da mesma fraternidade, e assim ficamos até o fim da sua vida.

Mas se ele me aconselhou a publicar o livro, não me disse como fazê-lo. Quando lhe perguntei, ele não me deu maiores pistas; apenas falou: "Não sei, se vira".

A essa altura eu já sabia que Recife era uma colmeia cheia de autores meio famosos, mas ainda inéditos. Como fazer para não me tornar mais uma daquelas abelhas? Passei dias e dias sem ter a menor ideia.

Foi então que, numa tarde de festa, Fernando Sabino, Vinicius de Moraes, Rubem Braga e Paulo Mendes Campos desembarcaram no Recife para o lançamento da Editora do Autor e seus quatro primeiros livros, com direito a autógrafos dos autores, que eram eles próprios. E eu fui até lá. Nunca antes tinha chegado perto de um escritor "de verdade". Ao ver a fila interminável que coleava diante dos quatro, disse para mim mesmo: "Nem padre, nem advogado, muito menos vagabundo... É isso o que eu quero pra minha vida — ser um escritor e vender muitos livros".

Mas como chegar ali? Para a assim chamada intelectualidade pernambucana, aqueles quatro eram verdadeiros deuses saídos do Olimpo para um breve safári às margens do Capibaribe. E, embora alguns autores ditos "locais" tivessem seu valor (o poeta Audálio Alves bradava seus versos no Café Nicola e era aplaudido), a essa altura eu já me via como um "nacional", no que parecia um sonho impossível, a não ser...

E foi ali mesmo, depois que a tarde de autógrafos entrou pela noite e afinal terminou, sentado no quem-me-quer — a mureta de proteção do rio Capibaribe na rua da Aurora —, que tive a ideia da carta. Infelizmente não tenho mais os originais dela; assim como outros papéis importantes, eles se perderam em uma das minhas mudanças ou foram levados pela polícia numa de suas visitas às minhas casas. Mas reproduzo aqui a orelha de *Redenção para Job*, meu romance lançado em novembro de 1961, escrita por Fernando Sabino, na qual ele deixa claro o quanto a leitura da minha carta foi determinante para que prestasse atenção ao livro que ela apresentava:

"Sou um caso raro de precocidade e intuição", confessou o autor, numa carta aos editores, remetendo o seu livro que, escrito aos dezesseis anos, era "o terceiro da minha imodestíssima pessoa".

"É um bom romance. Fala sobre gente pobre, sobre revolta e beleza, e creio que se assemelha um pouco na sua estrutura ao poema de Vinicius de Moraes 'O operário em construção'".

E acrescentava:

"Sim, e tenho certeza de que a Editora do Autor anda precisando disso. Afinal, o que foi que vocês publicaram até agora? Os três livros de crônicas eram três inutilidades..."

E para arrematar:

"Não, não riam, nem joguem os meus originais na cesta do lixo; leiam-nos antes, e deixem para comentar depois. Acho que dentro de algum tempo seremos grandes amigos... Ou inimigos."

Atendendo à sugestão, lemos o livro. Chegamos a acreditar que se tratasse de obra ainda inédita da mocidade de algum escritor já consagrado, oculto sob pseudônimo. É um caso raro de precocidade e intuição, conforme afirmava a "imodestíssima pessoa". Extraordinário como romance, constituirá, sem dúvida, a revelação de um grande escritor.

Aguinaldo Silva é do Recife, onde vive; tem atualmente dezoito anos e exerce o cargo de datilógrafo num cartório; estuda à noite, não tem tempo para ler, não entrou em contato com escritores nem se iniciou na vida literária. Trata-se, pois, de uma autêntica estreia — das mais importantes dos últimos tempos, se considerarmos o grande futuro que tem ainda pela frente a sua irresistível vocação de romancista.

Futuro em que, então, certamente, já seremos grandes amigos, a partir de seu primeiro livro publicado, num lançamento da Editora do Autor.

A notícia da minha "descoberta" como escritor — acrescida do comentário de que, quando *Redenção para Job* fosse lançado, eu me tornaria o escritor mais jovem do Brasil — foi publicada por Newton Farias na primeira página do *Jornal do Commercio*. Logo o *Diário de Pernambuco* mandou alguém me entrevistar sobre o assunto. Hélio Polito também fez uma alusão ao "novo autor, aliás, novíssimo" no programa de entrevistas *Encontro Marcado* que ele fazia Brasil afora, inclusive na TV Rádio Clube do Recife, numa época pré-videotape. Essa minha notoriedade repentina foi crucial para que meus pais abdicassem dos planos que tinham para o meu futuro e aceitassem o fato de que eu seria "*apenas isso, porque assim o queria*": um autor de livros.

Na casa de Newton Farias minha súbita ascensão provocou traumas entre os outros garotos (houve quem dissesse que ele é que tinha escrito meu livro) e deixei de ir lá. Não tinha importância, agora era na própria redação do *Jornal do Commercio* ou nos botequins da madrugada frequentados por jornalistas que eu e Newton nos encontrávamos e falávamos sobre o meu "glorioso futuro".

Naquele momento, os bastidores da política pernambucana, reflexo do que acontecia no país — Jango e toda aquela balela sobre a tal "república sindicalista" —, já ferviam. Mas eu não me importava com isso. Na lista das minhas possíveis preocupações só havia lugar para uma delas: o meu "glorioso futuro", quando deixasse de ser um mero datilógrafo de cartório e me tornasse um escritor notório.

Redenção para Job foi lançado com grande estardalhaço na Livraria Eldorado, point de todos os intelectuais em Copacabana, no Rio de Janeiro. Antes disso, ainda em maio, Fernando Sabino foi ao Recife para me conhecer e providenciar minha assinatura do contrato de edição, que na verdade não tinha valor, pois eu era menor e não podia assinar coisa nenhuma. Essa visita do escritor famoso, que mereceu cobertura de rádios e jornais, aconteceu na hora mais imprópria — eu, também precoce nesse terreno, tinha pegado numa das minhas noitadas o que pensava ser gonorreia (não era).

Disposta a me ver enfatiotado como ela imaginava que seria um escritor famoso, minha mãe foi à Camisaria Aliança, na rua da Palma, e me comprou um terno de tropical, tecido muito em voga na época, o qual, depois que vesti, me pareceu uma câmara de tortura, de tanto que pinicava o corpo todo. O terno, a sensação de culpa por causa da suposta gonorreia (era apenas uma irritação, mas me causava profundo desconforto), minha timidez quase doentia... Tudo contribuiu para que meu encontro com Fernando Sabino, na casa de Joel Pontes, um crítico literário pernambucano de muito prestígio, fosse um fiasco. A certa altura, muito sabiamente, o autor de *Encontro marcado* sugeriu que eu mudasse meu sobrenome — do Silva popularíssimo para Lins —, mas me recusei. E quando ele fez alusão à minha altura, de modo brusco respondi: "Quem sabe eu não devia esquecer esse negócio de literatura e me tornar jogador de basquete?".

Pouco nos falamos depois que ele fez o elogio do livro. Não tínhamos muito o que nos dizer — ele era um adulto famoso e eu, uma criança perdida no meio de um redemoinho, só conseguia pensar na hora, cada vez mais próxima, em que deveria procurar um médico que, sadicamente, me receitaria dolorosas injeções de Benzetacil.

Assim, antes mesmo que meu "encontro marcado" com Fernando Sabino terminasse, eu já concluíra que fora um desastre: "Depois disso é claro que ele não vai mais publicar meu livro", falei a Newton Farias, naquela mesma noite, num boteco do cais de Santa Rita, sem lhe explicar por que pela primeira vez me recusava a provar o gole da cachaça que ele sempre me oferecia (eu sabia que penicilina e álcool não combinavam). Só na manhã seguinte, quando o médico riu dos meus temores e disse que, para o que eu tinha, bastava usar com certa moderação uma pomada chamada Hipoglós (ou seja, nada de dolorosas injeções de Benzetacil), é que recuperei o ânimo de novo e pensei que, afinal, eu era apenas uma criança; apesar do meu ridículo terno de tropical quadriculado, Fernando Sabino certamente levaria isso em conta e não daria importância ao "apagão" que eu tinha sofrido diante dele.

Foi o que aconteceu. A Editora do Autor não desistiu de publicar o livro, mesmo que o autor lhes parecesse desinteressante. Nos meses que antecederam o lançamento, outra vez aconselhado por Newton Farias, tratei de incorporar alguns detalhes à minha figura — como usar óculos escuros de noite — que me tornaram, digamos assim, à falta de outra coisa, mais interessante. De qualquer modo, a longa espera até a noite de autógrafos foi uma espécie de vestibular preparatório — quando ela aconteceu, eu já tinha me tornado uma celebridade pernambucana.

Minha ida ao Rio de Janeiro naquele mês de novembro — de avião Constellation, numa viagem que fazia várias escalas e durava seis horas — só foi possível depois que meus pais me colocaram sob a responsabilidade de Hélio Polito e Luís Jatobá, dois jornalistas que seguiam no mesmo voo. Eu, que nunca entrara num avião, lá estava ao lado de Jatobá — que cantarolava músicas de Frank Sinatra enquanto consumia uísque o tempo todo —, metido outra vez no meu tenebroso terno de tropical quadriculado (eu o queimei meses depois, após uma discussão terrível com minha mãe, ato do qual me arrependo até hoje), tomando de vez em quando uns goles oferecidos à sorrelfa pelo meu vizinho de poltrona, pensando que, meu Deus, minha vida nunca mais seria a mesma depois daquilo.

Até que desembarquei no antigo Galeão e ouvi de Otto Lara Resende, que era amigo dos editores e fora encarregado de me esperar no aeroporto, que o voo atrasara e nós tínhamos que correr, pois a essa altura a noite de autógrafos já estava quase terminando.

Não vou falar dessa minha primeira travessia noturna do Rio de Janeiro, com Otto Lara Resende a me apontar uma coisa aqui e outra ali sem que eu realmente as visse, porque não me lembro de nada. Aliás, lembro de pelo menos duas coisas — não havia as favelas que hoje ocupam mais de um terço da cidade e ela, aos meus olhos, era pouquíssimo iluminada.

Do que me lembro mesmo, e tenho certeza de que não me esquecerei disso até a morte, foi de entrar na Livraria Eldorado superlotada e logo ver uma mulher, quase extraterrestre de tão linda, sentada numa escada a me vigiar com olhos críticos.

22

Perguntei a Fernando Sabino, que a essa altura já se aproximara, quem era, e ele respondeu: "Clarice Lispector, está louca pra te conhecer, ficou esperando até agora". Ele me levou até ela, que desceu da escada, estendeu para mim a mão mais sedosa que já apertei em toda a minha vida e disse com uma voz única: "Muito prrrrrrazerrrrr querrrrrido". E mais baixo, no meu ouvido: "Tem cerrrrrrteza que você não é uma menina?".

Essa foi apenas uma das muitas loucuras daquela longa noite. Dei dezenas, sei lá, centenas de autógrafos, mesmo dividindo as glórias do evento com outro escritor, Waldomiro Autran Dourado, que então lançava *A barca dos homens*. E também cometi todas as gafes a que tinha direito. Por exemplo: não saber quem era Lêdo Ivo; aceitar o convite de um desconhecido para me hospedar em sua casa — na verdade fiquei no Hotel Ipanema, que era ao lado do Leblon do Jardim de Allah e não existe mais; e dizer, numa entrevista a Darwin Brandão que seria publicada no *Correio da Manhã* com grande estardalhaço, que achava Graciliano Ramos um chato e não conseguira passar da décima página de *Angústia*.

Ou seja: sem que fosse de propósito, fiz todo o necessário para que minha passagem pelo Rio se tornasse notória. Tanto que, três dias depois do lançamento, de novo levado por Otto Lara Resende, que fazia o papel de cicerone e meu motorista oficial com o maior gosto, atendi a um convite que, segundo ele, "seria o equivalente a uma audiência com o papa": fui almoçar com Adolfo Bloch no restaurante da revista *Manchete* na rua Frei Caneca.

Participaram do almoço várias pessoas notórias — alguém a quem chamavam de Ministro, outro de Deputado, uma grande e bela atriz também estava lá, não sei se Tônia Carrero ou Maria della Costa —, mas Adolfo dedicou a todos a mesma atenção. Até a mim. A certa altura, com aqueles olhinhos de gavião nos meus olhos, perguntou: "Você não quer ficar comigo?". Já em pânico por conta da proposta — afinal, Adolfo Bloch não era nenhum Marlon Brando —, olhei para Otto, e este, para que não me restasse dúvida nem receio, tratou de esclarecer a natureza do convite:

"Seu Adolfo está perguntando se você quer trabalhar aqui na *Manchete*."

Aliviado, respondi que não, me achava muito jovem, ainda não tinha chegado a hora de sair da casa dos meus pais... Eu nem acabara o curso clássico!

Não sei se o convite era para valer. E muito menos sei se, com seu temperamento mercurial, suportaria a minha presença por muito tempo. Mas eu fora sincero quando lhe disse que era muito jovem. Três anos depois eu continuava jovem, porém, meio impulsionado pelos assim chamados ventos da história, já tinha me mudado para o Rio de Janeiro, onde passei a morar sozinho, e, já como jornalista, fui trabalhar no jornal *Última Hora*.

Mas antes...

Minha volta ao Recife foi no mínimo tumultuada. *Redenção para Job* tornou-se um sucesso. Na cidade em que eu morava o livro esgotou em apenas um dia, quando um professor da Faculdade de Medicina — notório radical direitista — entrou na Livraria Moderna, comprou todos os exemplares lá expostos bem na porta e os lançou com grande estardalhaço no rio Capibaribe diante de vários jornalistas que ele mesmo havia convocado e aos quais explicou que tudo que fora escrito naquele livro não passava de "pura imoralidade".

Escândalo! Num editorial redigido por Newton Farias, o *Jornal do Commercio* lembrou ao indigitado catedrático que — "Destruir livros em praça pública?" — os nazistas tinham sido os últimos a fazer aquilo. Durante alguns dias o jornal deu voz a mim e a ele para que travássemos um debate que logo se transformou numa troca de insultos e a primeira de muitas das brigas que tive — todas me divertiram muito. A Livraria Moderna providenciou uma nova compra de exemplares do livro, que dessa vez não foram parar no fundo do Capibaribe, e sim nas mãos de leitores ávidos por saber se ele continha ou não as imoralidades que o tal professor apregoava. E quais seriam elas.

Virei best-seller e figurinha descolada em minha própria terra. Mas essa notoriedade durou apenas alguns meses. Para evitar a ressaca, continuei a trabalhar como datilógrafo no cartório, onde me dividia entre os traslados e a redação de *Cristo partido ao meio*, que seria o meu segundo livro publicado. Permaneci na velha rotina até que, certa noite, Newton Farias, de novo diante de um chambaril no botequim de sempre do cais de Santa Rita, me perguntou: "Já ouviu falar em Samuel Wainer?".

Não, eu nunca ouvira falar na tal criatura, mas talvez soubesse vagamente da existência do jornal *Última Hora*. Newton me disse em rápidas palavras quem Samuel era e adiantou:

"Ele está com planos de criar um jornal novo aqui em Recife, o *Última Hora — Nordeste*. Para isso vai formar uma equipe nova, e quer saber? O cara que escreveu *Redenção para Job* pode muito bem se tornar um belo de um repórter."

Até 1962, ser jornalista nunca me passara pela cabeça. A mesma coisa posso dizer da minha profissão atual, novelista de televisão: até 1978, quando deixei o jornalismo e fui trabalhar como roteirista na Rede Globo, nunca vira uma novela completa. Saía muito tarde das redações e, em geral, só via novelas quando ficava em casa nas minhas noites de folga, sem jamais me interessar por elas. Mas Newton Farias tinha razão. Se tem uma coisa de que posso me orgulhar nos dezoito anos que exerci a profissão é de ter sido o que ele previu: um bom jornalista, não só quando trabalhava nos jornais mas também agora, quando faço extensas reportagens enquanto finjo que estou escrevendo novelas.

Ao som dos teletipos, a euforia na redação: "Marilyn Monroe morreu!"

Cinco de agosto de 1962. Enquanto dedilhava a velha máquina de escrever do *Última Hora — Nordeste* — no qual fora admitido havia pouco tempo como repórter —, vi Múcio Borges da Fonseca, editor-chefe, levantar o corpo enorme da cadeira e se dirigir à sala dos teletipos. Era uma ação que ele repetia compulsivamente de hora em hora, à qual ninguém na redação dava maior importância e da qual ele voltava sempre decepcionado, resmungando que "além da droga de um furacãozinho na Jamaica não acontecia nada na droga desse mundo".

Dessa vez sua reação seria diferente, e disso resultou a primeira grande lição que aprendi sobre o jornalismo: não, senhores, ESTA NÃO É UMA PROFISSÃO PARA MARIQUITAS. Ainda na sala dos teletipos, Múcio soltou um berro terrível: "Sen-sa-cio-nal!", estendendo o quanto pôde cada sílaba, e arrematou: "Já temos manchete!". A seguir, saiu de lá e anunciou para a redação inteira, a essa altura paralisada: "Marilyn Monroe tomou uma porrada de pílulas e se foi dessa pra melhor... A deusa está morta e acabada!".

Múcio Borges da Fonseca não era sempre tão cínico assim; quando não estava em pleno ato de criar uma boa manchete para o jornal, era a mais gentil das criaturas. Foi o que me pareceu quando, a seu convite, me coloquei diante dele na redação do *UH — Nordeste* para ouvir uma proposta de emprego. Meses antes *Redenção para Job* havia sido publicado. De volta do lançamento no Rio de Janeiro, achei que nada tinha mudado em minha vida, e assim retomei meu emprego de datilógrafo no cartório. O que eu não sabia era que, apadrinhado por Fernando Sabino, Rubem Braga, Vinicius de Moraes e Paulo Mendes Campos, e recomendado por Newton Farias, eu me tornara candidato a uma vaga no jornal pernambucano de Samuel Wainer.

Talvez por conta de tanto apadrinhamento, não senti durante nossa conversa maiores entusiasmos da parte dele em relação a mim. À minha pergunta se já tinha lido meu livro, ele respondeu de modo curto e grosso: "Não tive tempo". Eu mesmo não estava muito empolgado com aquela possibilidade de mudar de emprego, já que me sentia muito bem datilografando translados e escrituras no cartório e ganhando bem por isso. Mas Milton Coelho da Graça, o segundo na hierarquia do jornal, a certa altura entrou no papo. Depois de ouvir duas ou três frases titubeantes da minha parte, encerrou o assunto ao proclamar: "Você vai trabalhar no turno da noite e vai cobrir o aeroporto".

E aí tudo ficou mais interessante. De jornais eu só tinha a pouca experiência das leituras. Minha única referência sobre o comportamento de um repórter era a atuação de Kirk Douglas no filme de Billy Wilder, *A montanha dos sete abutres*. Mas o aeroporto dos Guararapes era uma espécie de quintal para mim, quase meu território privado. Era para lá que ia com meus amigos quase todas as noites e onde ficava até o dia amanhecer, sempre em busca de novidades. Depois da zona de prostituição, era o lugar que eu mais frequentava. Dele conhecia todos os buracos e há muito me tornara íntimo de grande parte dos seus personagens noturnos.

(Detalhe precioso, sem relação com o que escrevo: naquela época, mesmo que não voasse a serviço, todo jornalista tinha direito a um desconto de cinquenta por cento nas passagens aéreas.)

Pelo costume com que me movimentava pelos desvãos do aeroporto dos Guararapes, não era difícil para mim saber quem chegava ou saía nos voos, nem impossível descobrir o que os levava ou trazia, se fossem figuras conhecidas. Ou, se desconhecidas, quem eram e por que estavam jantando àquela hora no restaurante enquanto falavam aos sussurros ou visivelmente conspiravam. Um garçom que se aproximava da mesa na hora certa era a melhor fonte... assim como a atendente de balcão, que sabia quem pedira para viajar ao lado de quem durante os voos da madrugada.

Como reconheceu Milton Coelho da Graça, "saí melhor que a encomenda". Já no segundo mês como setorista noturno do aeroporto, levantei uma história que se transformou num grande escândalo.

Vivíamos então tempos muito interessantes. Neles se incluía o crescente prestígio do chamado Cinema Novo. Entre as estrelas que este lançara, havia uma negra belíssima: Luíza Maranhão, gaúcha de nascimento mas baiana de adoção, que aparecera primeiro em *Barravento*, filme de estreia de Glauber Rocha, e agora era o principal nome feminino de *Assalto ao trem pagador*, o supersucesso de Roberto Farias.

Luíza era também cantora. Ela tinha ido se apresentar num programa de variedades da TV Rádio Clube, segundo me disse após descer do avião, quando a abordei enquanto esperava sua bagagem. A emissora tinha reservado para ela um quarto no Hotel

Guararapes, no centro da cidade. Quando ela seguiu para lá, tratei de ir atrás na esperança de, naquela noite mesmo, entrevistá-la. Luíza, tão negra quanto a mais africana de todas as princesas, entrou no hotel e apresentou o voucher que lhe dava direito a um quarto reservado com antecedência. Mas o recepcionista, depois de olhar para ela de cima a baixo, disse que ela não podia ficar lá.

"Porque sou negra?", ela perguntou na bucha. O recepcionista disse que não: "Porque é mulher, porque está sozinha, e só depois porque é negra... Portanto, não vai ficar aqui nem morta".

Eu sei, é difícil de acreditar, mas naquele tempo mulheres que se hospedavam sozinhas num hotel não eram bem-vistas. Ainda mais se em suas fichas de hospedagem elas escrevessem, no item "estado civil", que eram solteiras.

Quando saiu do Hotel Guararapes arrastando sua mala, Luíza me disse: "Eu não vou chorar". Mas as lágrimas já lhe escorriam pelo rosto. Eu a coloquei num táxi e segui com ela para outro hotel, o São Domingos, com o qual o *UH – Nordeste* tinha um acordo. Expliquei o caso na recepção e ela foi aceita como hóspede. Deixei-a no seu quarto, fui direto para a redação e escrevi a matéria, que rendeu minha primeira manchete na edição do dia seguinte. E a exclusividade na cobertura da passagem de Luíza pelo Recife, incluindo a inevitável sessão de fotos dela, de biquíni, na praia de Boa Viagem.

Como bem disse Milton Coelho da Graça ao sugerir, numa alusão sutilíssima a Federico García Lorca, um título meio poético para a minha reportagem (que, aliás, foi recusado): "Racismo é simples de madrugada". E é sim — para o candidato a repórter que eu ainda era, perto do que enfrentaria nos próximos anos, aquela história de racismo contra Luíza Maranhão não era nada.

Meses depois, no meu dia de folga, Múcio me mandou a ordem através de um mensageiro — telefone naquela época era coisa rara:

"Trata de arrumar a mala e vem correndo pra redação". Eu tinha sido escolhido para acompanhar a comitiva de Miguel Arraes que, naquela noite mesmo, partiria para a campanha do sertão. Milton proclamou aos berros quando lá cheguei: "Na próxima eleição vai ser tudo ou nada".

O sertão: eu nunca fora além de Garanhuns, que fica na Zona Temperada, e dele só sabia o que tinha lido em livros que não me empolgaram. Passaria a saber muito mais agora, por conta de uma viagem difícil e tumultuada. Miguel Arraes sabia que nunca poderia conquistar a simpatia dos coronéis do sertão, e menos ainda os votos de cabresto que eles administravam. Mas teria pelo menos de conseguir acalmá-los. Sem prometer coisa nenhuma, devia passar a impressão de que, mesmo ganhando, "os comunistas não mudariam nada". Mais do que parte da campanha eleitoral — embora estivessem programados comícios —, e mesmo que Arraes não reconhecesse isso, a viagem seria vista pelos coronéis como uma espécie de beija-mão velado.

Para o candidato a repórter que eu ainda era, foi tudo muito difícil. Uma rede de proteção se armara em torno de Miguel Arraes. Cada um dos que o cercavam tinha sua própria ambição futura e via sinais de perigo em qualquer outro que dele se aproximava.

Além disso, eu era só um garoto solto de paraquedas no meio daquele ninho de ratos e cobras. Por mais que me esforçasse, nunca estive à altura da importância da missão que Múcio me confiara. Escrevia meus textos à mão, mas às vezes tinha de partir de uma cidade e viajar duzentos quilômetros antes de achar um portador de confiança pelo qual pudesse mandá-los. Para desespero do meu editor-chefe, minha cobertura da "tomada do sertão" sempre chegava à redação atrasada.

Minha visão pessoal do que estava acontecendo também não combinava com o que o jornal de antemão idealizara: o relato de uma jornada épica, sem margem de dúvidas, vitoriosa. Eu escrevia o que via, e a descrição fiel do que via — a longa espera de Arraes e seus acompanhantes até que o coronel da vez decidisse recebê-los para uma conversa rápida que beirava a hostilidade, ou os comícios improvisados aos quais compareciam menos de uma centena de pessoas arrebanhadas de qualquer jeito, todas muito assustadas — não era o que o jornal desejava.

No final de um dos meus textos, escrito às pressas numa cidade chamada Cabrobó e entregue a um motorista de ônibus, que o levaria consigo em sua viagem até o Recife e lá o entregaria a um funcionário do jornal, depois de narrar o modo como Arraes fora praticamente ignorado pelo coronel louco, eu me dei ao luxo de fazer um comentário pessoal: "Estou triste". Soube depois que, ao ler isso, Múcio saiu a arrancar os cabelos pela redação enquanto proclamava:

"Triste estou eu, porra!"

Meses depois, quando me associei ao colega de redação Aron Mandel e à atriz Aurora Duarte e juntos criamos o Teatro de Equipe de Pernambuco, que fez grande sucesso com uma remontagem de *O auto da compadecida*, de Ariano Suassuna, sempre que Aurora entrava no palco e proclamava: "A atriz que vai fazer o papel de Nossa Senhora se declara indigna de tão alto mister", eu me lembrava do meu fracasso na cobertura da "tomada do sertão" por Miguel Arraes e corava de vergonha.

Mas se o jornalista incipiente que eu ainda era não se saiu bem nessa sua primeira "grande missão", a verdade é que ela rendeu bons frutos ao ficcionista. Quarenta e dois anos depois, no prólogo pernambucano de *Senhora do destino*, eu resgataria as minhas lembranças de Belém de São Francisco, primeira cidade do sertão que visitei com a comitiva de Arraes durante a histórica e malfadada viagem. Foi lá que conheci o motorista de caminhão que, na pele do ator Rodrigo Hilbert, dá carona à personagem de Carolina Dieckmann e seus filhos. Ele acompanhava o comício da boleia do caminhão, e eu subi no estribo para ver melhor enquanto Arraes falava para uma centena de gatos pingados. A certa altura não resisti e expressei minha vontade e meu desejo: "Ele tem que ganhar essa eleição", eu disse. Ao que o motorista murmurou, de modo a não deixar a menor dúvida: "Ele vai ganhar... mas aí a gente perde tudo". Quem era ele para afirmar uma coisa dessas com tanta certeza?, perguntei. Ele respondeu: "Alguém que se acostumou a prestar atenção no que vem pela frente... Um motorista de caminhão e cigano".

O único tom possível para contar como foi o dia 7 de outubro de 1962, data da eleição em Pernambuco, seria o épico. Nós, repórteres da *UH — Nordeste*, representantes do jornal criado especialmente para apoiar a campanha de Miguel Arraes a governador, já estávamos em nossos postos às seis da manhã, e muitos — eu entre eles — ficamos três dias sem dormir, a perambular pelos corredores do Tribunal de Justiça, onde a interminável e tumultuada apuração ocorria.

No final, Arraes ganhou de João Cleofas, o candidato da direita, com pouco mais de 48% dos votos, mesmo perdendo feio no sertão. A vitória foi comemorada nas ruas num carnaval improvisado no qual todos nós, do jornal de Samuel Wainer, nos despimos de nossa capa de imparcialidade e nos misturamos como cidadãos comuns à multidão para participar do coro puxado por José Wilker e Teresinha Calazans, que cantava: "Burguesia saiu da pista/ a vez agora/ é dos comunistas".

Novos tempos, grandes esperanças... que infelizmente logo se desvaneceram. Mas enquanto duraram, vivemos a liberdade como nunca. Nós, jornalistas da UH — Nordeste, sem sofrer nenhum tipo de restrição, entrávamos e saíamos como se fôssemos moscas do Palácio do Campo das Princesas, onde o governador passara a morar no dia 1º de janeiro de 1962, ao tomar posse. Certa vez, quando atravessava um dos seus corredores tarde da noite, dei de cara com o próprio Arraes, sentado em seu gabinete, com os pés sobre a mesa, de chinelos e pijama.

Era tudo tão novo, tão intenso e belo, só se falava de cultura, o que se respirava era arte e cultura... Mas, ao contrário do motorista cigano lá de Belém de São Francisco, a gente não aprendera a ver o que vinha pela frente. Meses depois, na madrugada do dia 1º de abril de 1964, tal como ele profetizara — e mesmo sem saber disso ainda —, nós perdemos tudo. Na noite anterior, quando saí da redação em meio à preocupação geral por conta das primeiras notícias sobre a movimentação de tropas militares em Minas e no Rio, não podia imaginar que nunca mais voltaria lá; horas depois o local seria invadido pelos militares, e o *Última Hora — Nordeste* ganharia na história da chamada "revolução" de 1º de abril uma nota de pé de página como o único jornal que teve suas instalações destruídas.

(A UH — *Nordeste* funcionava num sobrado, no fundo de uma rua residencial sem saída e, segundo me disseram — preferi não ver com meus próprios olhos —, desde o empastelamento o local nunca mais foi ocupado e hoje está em ruínas.)

Antes do amanhecer do dia do golpe, Múcio Borges da Fonseca e Milton Coelho da Graça já tinham sido presos. Depois que amanheceu e durante boa parte do dia, enquanto Arraes, cercado pelos militares no Palácio do Governo, se recusava a renunciar "para não trair os que o elegeram", nós, os jornalistas, falávamos em reagir, ir para o sacrifício, fazer o que fosse preciso, talvez lançar uma edição clandestina do *Última Hora*, nem que fosse mimeografada... E para isso — santa ingenuidade —, enquanto alguns, comandados por Anderson Campos, redigiam textos candentes conclamando o povo à resistência, um mimeógrafo foi providenciado — o do Sindicato dos Jornalistas, surrupiado e depois levado, até hoje não sei como, para a minha casa.

No fim da tarde, e sem jamais concordar com a renúncia, Arraes foi preso e levado para um quartel. E os "resistentes", que para desespero dos meus pais tinham feito da minha casa uma espécie de QG, se dispersaram, deixando para trás o mimeógrafo, que lá ficou durante meses escondido num buraco no forro da casa como uma prova viva do crime de rebelião que não havíamos cometido. Até que um dia meu pai se livrou dele da maneira mais simples: levou-o, depois de embalado, ao Sindicato dos Jornalistas numa hora em que tinham todos saído para o almoço, disse ao humilde funcionário que lá estava: "Mandaram entregar aqui essa encomenda". E foi embora sem ser identificado.

Sim, os textos da tal "edição clandestina" chegaram a ser redigidos no calor da hora, mas logo foram destruídos. E assim deixou de ser mimeografada a última edição do *Última Hora — Nordeste*, destinada a ser a mais candente de todas e que hoje seria um documento histórico. Os profissionais que nela atuavam, eu entre eles, foram proibidos pelos militares de trabalhar em outros jornais ou agências de publicidade. E então deu-se o êxodo, pois, como dizia minha mãe, "a porta da rua é serventia da casa": partimos todos. Éramos jovens, éramos bons no que fazíamos, por isso nunca levamos a proibição dos militares a sério — teríamos empregos garantidos em outros lugares. Alguns viraram estrelas do jornalismo, como Anderson Campos e Eurico Andrade. Outros desistiram da profissão, como Aron Mandel, que assumiu suas raízes e foi para Israel viver num kibutz. E alguns poucos se recusaram a partir e tempos depois, afinal absolvidos, puderam retornar à profissão com o mesmo brilho, como foi o caso de Ronildo Maia Leite, para mim um deus do jornalismo brasileiro, que morreu, sempre no Recife e sempre na ativa, no dia 5 de julho de 2012.

Dos que partiram, fui um dos últimos. Fiquei uns tempos escondido no convento dos beneditinos, depois um bom período sem sair de casa, com medo de que a qualquer momento a polícia chegasse... Durante muito tempo ficamos paranoicos. Até que comecei a sair nas ruas, fingindo ser um cidadão normal, embora sempre sentisse um frio na espinha ao cruzar com um dos carros-patrulha dos militares. Voltei a me encontrar com alguns dos ex-garotos de Newton Farias, agora quase todos adultos, e um deles, Fernando Matos, mostrou-se um grande, inesquecível amigo, pois bancou, sem exigir nada em troca, os meus três meses de desemprego.

Só deixei o Recife em julho de 1964 com emprego garantido no *Última Hora* de São Paulo. Mas quando o avião fez escala no Rio de Janeiro, eu me lembrei da minha noite de autógrafos, de Clarice Lispector a me perguntar "Tem cerrrrrrteza que você não é uma menina?", e resolvi descer ali mesmo e na tal Cidade Maravilhosa tentar a sorte.

Só depois que retirei minha bagagem do avião e este seguiu viagem rumo a São Paulo é que lembrei que não tinha onde morar. Mas isso não chegou a ser problema — um telefonema para Fernando Melo, outro dos garotos de Newton Farias (que depois ficaria famoso por conta da peça de teatro *Greta Garbo, quem diria, acabou no Irajá*), resolveu a questão, e fui morar num apartamento na rua Itacuruçá, na Tijuca, cuja dona, mãe de um relações-públicas da Varig também dado a brincadeiras com meninos, morrera apenas alguns dias antes.

Sem o emprego que o *Última Hora* de São Paulo me garantira, sem conhecer nenhum jornalista no Rio e sem querer ir atrás da turma da Editora do Autor por um orgulho tolo — meu segundo livro, *Cristo partido ao meio*, seria publicado em 1965 pela Civilização Brasileira —, resolvi tentar o ainda fervilhante *Última Hora* carioca, no qual ainda pontificavam grandes nomes, como Stanislaw Ponte Preta, João Saldanha e Nelson Rodrigues. Procurei o chefe de redação, Nilson Laje. Durante nossa conversa, perguntei se ele tinha lido meu livro, ele respondeu que sim e acrescentou: "Gostei muito da orelha". Ele tinha uma vaga para mim no jornal, mas não de repórter.

E assim, dois meses depois de chegar ao Rio, aos vinte anos, fui admitido no *Última Hora* carioca sob a preciosa chefia de Nilson Laje como um dos três copidesques — os outros eram Maurício Azedo e Merival Júlio Lopes. Lá fiquei durante quatro conturbados anos e conheci muitas das figuras — incluindo os repórteres de polícia Amado Ribeiro e Oscar Cardoso — que cito em várias das reportagens reproduzidas neste livro.

Passeando de cueca na praça da Bandeira em plena luz do dia

O *Última Hora* carioca ficava num prédio decadente da rua Sotero dos Reis, na praça da Bandeira, próximo à esquina na qual os ônibus da linha 464 faziam ponto final. Anos depois, a zona de prostituição do Mangue, expulsa da área perto da avenida Presidente Vargas, ocuparia o casario arruinado daquela rua. Era o ônibus 464 que eu tomava todos os dias para ir trabalhar — entrava às quatro da tarde, sem hora para sair, ainda mais se chovesse forte e a rua ficasse inundada, como era de praxe.

Quase tanto quanto o *Jornal do Brasil* de então, e muito mais que *O Globo*, o *UH* era um verdadeiro criadouro de jornalistas. Anderson Campos e meia dúzia de outros, que também tinham vindo do *UH — Nordeste*, a essa altura já estavam lá, e logo formamos uma comunidade de exilados. Grande repórter, naturalmente ambicioso, Anderson trouxe para o Rio, quando já estávamos em *O Globo*, seu irmão Franklin, que também se destacou no jornalismo.

Quanto a mim, era apenas um copidesque, profissão hoje inexistente, cuja missão era transformar em algo legível, original e verdadeiramente criativo os textos produzidos no calor da hora e sem maiores apuros pelos repórteres... Eu adorava fazer isso. Alguns deles me detestavam por conta das mudanças radicais que eu fazia em suas matérias. Mas a maioria ficava de pé ao meu lado enquanto eu esfaqueava e esquartejava seus textos, dispostos a tentar entender por que diabos — e com que prazer — eu fazia aquilo. Jovem como a maioria, eu me relacionava bem com os repórteres. Mas com Merival e Maurício Azedo, este uma estrela do jornalismo conhecido pelo seu temperamento "exacerbado", digamos assim, eu era mais reservado.

Já Nilson Laje parecia um inglês de polainas que se transviara do bando e fora parar na enlameada rua Sotero dos Reis. Mas, como editor do jornal, era senhor absoluto do seu ofício, alguém com quem aprendi muito, a quem muito devo, e de cujas conversas — verdadeiras aulas — sinto saudades até hoje.

Reconheço que, com meus parcos vinte anos, continuei sendo no *Última Hora* o que era naquela época — uma criatura abespinhada. Nos quatro anos em que lá trabalhei, aprontei muitas. E posso dizer que nem todas foram como jornalista.

Nesse período, que duraria vários anos, não tive maiores ambições. Com o salário de copidesque, levava uma vida cômoda. A essa altura eu já conhecera Victor Alegria, o proprietário da Coordenada Editora de Brasília. E graças à intervenção dele junto ao proprietário de um sobrado na rua Visconde de Maranguape, saí da Tijuca profunda — onde todas as noites a turma de garotos da minha idade esperava que eu chegasse do jornal para correr atrás de mim e me atirar pedras — e fui morar na Lapa.

Apesar da crise financeira que se agravava a cada dia e que acabaria por sufocar o jornal, no *Última Hora* tudo era festa —

até as enchentes que transformavam a rua Sotero dos Reis num verdadeiro rio e nos mantinham presos lá até muito além da hora. A última dessas enchentes que enfrentei, a maior de todas, aconteceu em 1967, quando eu já estava em plena campanha para ser demitido pelo jornal antes que ele acabasse. Ficamos lá isolados, o jornal não rodou, é claro... e às onze horas da manhã seguinte, com o rio de água suja sempre a correr lá embaixo, Maurício Azedo tomou uma decisão e eu resolvi segui-lo. Tiramos meias, sapatos, calça e camisa e, apenas de cueca, saímos a chafurdar na lama. Assim seguimos até a praça da Bandeira, onde a água já baixara o bastante para que pudéssemos vestir nossas roupas de novo e entrar de maneira decente no próximo ônibus.

Maurício Azedo, grande jornalista, eterno ativista político, foi vereador e, durante anos, presidente da Associação Brasileira de Imprensa. Foi ele quem me apelidou de Guigui, codinome que me perseguiu por todas as redações em que trabalhei e que sempre odiei — ainda mais porque Nelson Rodrigues tinha batizado assim uma das personagens de sua peça *Boca de ouro*. Flamenguista doente, Azedo tinha brigas constantes na redação com o botafoguense João Saldanha, e numa delas acabei envolvido.

Foi assim: os dois estavam à mesa do *chafé* (aquele café vagabundo de todas as redações do meu tempo — espero que hoje em cada uma haja uma daquelas máquinas Nespresso) a discutir pela enésima vez qual deles era o maior, se o Flamengo ou o Botafogo.

Da minha mesa, enquanto copidescava mais um texto, ouvia a discussão dos dois, eu e a redação inteira. Até que João Saldanha, que hoje seria taxado pelos mais simplistas de homofóbico, proclamou aos brados que "o Botafogo é que era time de homem". Azedo duvidou, Saldanha insistiu com um "Quer ver só?". Gritou: "Aguinaldo!". Eu, sem dar sinal de que ouvira a discussão entre os dois, perguntei: "O que foi?". E Saldanha insistiu: "Qual é o teu time?". E eu respondi de modo que não deixasse a menor dúvida: "Botafogo!". Azedo caiu na risada, Saldanha saiu bufando... Mas a verdade é que eu já era e ainda sou "Flamengo até morrer".

Toda redação tem seus momentos de patacoada, e esse foi um deles... Mas o clima no *UH* carioca ficou muito tenso quando Paulo Alberto Monteiro de Barros voltou do exílio e assumiu o cargo de editor-geral e representante direto de Samuel Wainer. Anos depois, ele passou a assinar Artur da Távola e se tornou o melhor crítico de televisão do Brasil de todos os tempos. Como tal, elogiou muitos dos meus textos televisivos. Mas, naquela sua volta ao jornal onde trabalhara antes de partir para o exílio, não se mostrou muito simpático comigo. Mal me cumprimentava, nunca me olhava nos olhos, parecia incomodado na minha presença. Durante algum tempo isso me deixou muito aflito, até que descobri qual era o motivo daquele desconforto: ele não gostava do meu jeito, digamos assim, *pintoso*.

Isso me levou a urdir um plano. Eu sabia que o jornal estava — não resisto ao trocadilho — nas suas últimas horas. Ainda pagava os salários em dia, mas logo deixaria de fazê-lo. Eu tinha que sair de lá antes disso, porém não por minha conta. Precisava ser demitido para receber a indenização que me permitiria ficar algum tempo sem trabalhar e só curtindo a vida. Meu plano foi incomodar de tal modo Paulo Alberto que ele mandasse me demitir. Assim, passei a infernizar a vida do pobre homem. Mal ele adentrava a redação eu já me materializava diante dele, e onde estivesse eu sempre dava um jeito de aparecer e me comportar de modo bem explícito.

Essa minha perseguição, que hoje seria chamada de "assédio", durou dois meses, até o dia em que cheguei para trabalhar e me disseram sem maiores explicações que podia arrumar minha trouxa e voltar para casa, pois tinha sido demitido. Recebi a indenização integral, um bolo enorme de dinheiro vivo, que me foi entregue, mediante a assinatura de recibo, no prédio da Justiça do Trabalho no centro da cidade. Paulo Alberto nunca soube que o assediei de propósito e, com problemas bem mais urgentes a resolver — o jornal, como eu já disse, estava nas últimas —, logo se esqueceu disso.

O *Última Hora* ainda durou alguns meses. Quanto a mim, logo após minha demissão, fui levado por Anderson Campos, que já estava no *Jornal do Brasil*, para uma temporada naquele que então era considerado o templo do jornalismo. "É o *JB*, porra, vê lá como se comporta", me disse Anderson durante um almoço no antigo Capela da Lapa. "Lá você vai aprender muito."

Sim, eu podia ter aprendido muito no *JB*. Mas quando penso na minha curta temporada na santa redação, só me lembro do ranger incômodo das velhas e gastas tábuas do assoalho e da indiferença dos meus colegas do copidesque — eram todos grandes estrelas do jornalismo e ninguém falava comigo. Foi lá que vi Paulo Francis pela primeira vez: ele passou diante de mim a pairar sobre o chão como se fosse um hipopótamo que se considerava uma ninfa — achava que era leve e elegante, mas era pesadão e já beirava o gordo. Muitas vezes o encontrei aos domingos no restaurante Gôndola, em Copacabana, a ler o massudo *O Estado de S. Paulo* com a solenidade e a unção de quem lia a edição dominical do *New York Times*... Mas ele sempre fingiu que não me conhecia.

Já então eu admirava Francis, era apaixonado por cada texto dele. Isso não mudou nem mesmo alguns anos depois, quando ele disse que um conto meu era muito bom, mas não era digno de figurar na revista *Civilização Brasileira*, da qual ele era o editor. Ao longo dos anos, minha admiração por ele só fez crescer, até chegar ao fanatismo que me fez chorar feito uma criança no dia de sua morte. Como pessoa, bem... Talvez Paulo Francis não fosse uma Brastemp. Mas como articulista e crítico era insubstituível — ninguém jamais chegou a seus pés.

Sim, Anderson Campos estava certo: eu tinha muito a aprender no copidesque do *Jornal do Brasil*. Certamente teria aprendido se lá tivesse ficado mais tempo. Mas vejam bem: eu morava na Lapa e ia a pé para o jornal, que ficava na avenida Rio Branco, relativamente perto da minha casa. Era a época das manifestações estudantis contra a ditadura e, para chegar à sede do *JB*, eu tinha que correr da polícia (certa vez fui perseguido por um PM a cavalo pela Galeria dos Comerciários adentro); dar explicações aos manifestantes (um deles sempre achava que eu era um espião infiltrado); tentar conter a respiração enquanto as bombas de gás lacrimogêneo explodiam no meu entorno... até chegar ao jornal para trabalhar sem que ninguém sequer olhasse para mim ou me dirigisse a palavra durante toda a noite.

Tudo isso era sacrifício demais para alguém tão jovem... e com o dinheiro da indenização que o *UH* me pagara escondido num buraco no assoalho de casa. Por isso decidi que ia ficar um período "sem fazer nada", vivendo por minha própria conta. Quando eu disse a Anderson Campos, no final do expediente, que não voltaria no dia seguinte, ele reagiu, completamente pasmo: "Você vai pedir demissão do *JB*?". Respondi que não, nem podia pedir demissão, já que não chegara a ser admitido... E nunca mais voltei lá.

Sei que pular daquela gloriosa barca que era o *Jornal do Brasil* foi um erro. Se meus (quase) colegas de lá nunca me deram trela foi porque minha timidez não me permitiu chegar a eles. Porém, como dizia d. Maria do Carmo Ferreira, minha mãe amantíssima, "não adianta chorar sobre o leite derramado". E apesar da minha decisão de ficar um bom tempo sem pensar em trabalho, um mês depois eu já estava numa redação de novo, a de O *Paiz*, antigo jornal carioca que saíra de circulação décadas antes e fora ressuscitado por conta de um maluco qualquer com algum dinheiro no bolso.

O *Paiz* durou pouco tempo. Nos últimos dois meses, em vez de salário recebi a escritura de um terreno em Cabo Frio que, comprovei depois, nunca tinha existido. Mas no seu curto tempo de duração, fui nada menos que seu editor, função aliás ocupada em 1884 por Ruy Barbosa por menos tempo que eu — durante três dias. Foi lá que me apelidaram de Três de Treze por conta da minha facilidade de criar títulos mínimos. Isso aconteceu durante a revolta estudantil de maio de 1968 em Paris, que pegava fogo. O assunto seria a manchete do jornal, mas, depois de desenhar a primeira página, o diagramador me disse que ela deveria ter apenas três linhas de onze toques. Sem me abalar nem pensar muito, não fiz por menos e tasquei:

PARIS
ESTÁ EM
CHAMAS

E pronto. Nesse dia O *Paiz* deu a melhor manchete sobre os acontecimentos em Paris — em matéria de criatividade, os outros jornais não chegaram nem perto.

O *Paiz* durou o tempo que a injeção de dinheiro do investidor permitiu — uns quatro meses. Depois que ele fechou, finalmente pude me entregar de vez ao que já vinha fazendo havia alguns anos, mas com ressalvas: cair de boca na vida e aprender de uma vez por todas a ser vivo, safo, malandrão e resistente com o pessoal que, como eu, vivia na Lapa.

* * *

A essa altura eu já tinha publicado vários livros. Além de *Redenção para Job*, lancei *Cristo partido ao meio*, *Canção de sangue*, *Dez histórias imorais*, *Geografia do ventre*, *Primeira carta aos andróginos*... O segundo pela Civilização Brasileira, os outros pela Gráfica Record (não confundir com a Editora Record), que ganhara rios de dinheiro ao publicar no Brasil os livros até então proibidos de Henry Miller. Seu proprietário, Hermenegildo de Sá Cavalcante, tornou-se meu grande amigo... assim como Victor Alegria, o dono da Coordenada Editora de Brasília e da única livraria decente da capital federal naquele tempo, que ficava na galeria do Hotel Nacional.

Foi a Coordenada quem publicou primeiro no Brasil o *Diário de Che Guevara*, cujo prefácio, escrito por mim, tinha como título: "A guerrilha não acabou". Era apenas um trocadilho com o título de um filme político de Alain Resnais, *A guerra acabou* (sobre a Guerra Civil Espanhola), mas teve para mim e seu editor consequências funestas, como veremos adiante.

Em outubro de 1969, o dinheiro que eu recebera ao sair do *Última Hora* finalmente acabou, e com ele a graça de viver como um marginal na Lapa. Resolvi que estava na hora de voltar ao jornalismo e, durante um jantar no antigo restaurante Capela com alguns profissionais da área que eu ainda frequentava, um deles me aconselhou: "Por que você não tenta o *Globo*?".

Foi o que fiz. Vesti minha roupa de festa, segui para a rua Irineu Marinho e pedi uma audiência com Fuad Atala, o editor-chefe do jornal. Ele me recebeu com extrema simpatia e meia hora depois eu estava empregado. No dia 1º de novembro me apresentei ao departamento de pessoal, entreguei minha carteira profissional e ocupei meu posto de copidesque na redação de *O Globo*.

Mas apenas por cinco dias, antes de desaparecer misteriosamente por dois meses.

"Tira esse traseiro sujo de cima da minha mesa!"

O *Diário* de Che Guevara publicado pela Coordenada Editora de Brasília foi um fracasso editorial. Não por algum erro de cálculo de Victor Alegria, mas porque, como o livro não pagava direitos autorais, dezenas de outras edições foram lançadas praticamente ao mesmo tempo e, claro, não havia compradores suficientes para todas elas.

A nossa, com o meu prefácio, encalhou. E, após a edição do Ato Institucional nº 5, Victor achou melhor recolher e esconder todo o encalhe — no lugar para mim mais inapropriado, a gráfica onde o livro rodara, que também ficava na Lapa e num sobrado em frente àquele onde eu morava. Como isso era para ser um segredo, ele não me falou nada. No meu quinto dia de O *Globo*, antes de sair para o trabalho me debrucei sobre a amurada de minha varanda de azulejos portugueses e percebi um estranho entra e sai na gráfica ali em frente. Mas não sabia o que ela guardava — ou melhor, escondia —, então não desconfiei de nada.

Saí para trabalhar, cumpri minhas sete horas de praxe e, quando cheguei em casa por volta de meia-noite, vi que a porta do meu quarto tinha sido arrombada.

"Ladrões", pensei tolamente. Mas, em vez de alertar as pessoas que hospedava no sobrado, e que, ao contrário do que sempre acontecia, já estavam todas recolhidas aos seus aposentos no maior silêncio, simplesmente avancei, entrei no meu quarto e dei de cara com três sujeitos, um deles com uma metralhadora apontada em minha direção. Foi ele quem perguntou se eu era Aguinaldo Silva; respondi que sim, por mais que quisesse dizer não. Enquanto os outros dois pegavam o que podiam — livros, papéis, discos —, o da metralhadora anunciou que eu estava preso para averiguação.

Já contei essa história mil vezes. Mais adiante, num dos capítulos deste livro, eu a repito em outro contexto. Por isso não vou dar detalhes agora. Vou apenas dizer que fiquei sumido durante setenta dias, sem que ninguém soubesse do meu paradeiro, até que usei de uma artimanha e fui descoberto no presídio da Ilha das Flores. Da longa viagem do meu sobrado na Lapa até a Ilha, onde cheguei de lancha junto com outro preso que chorava feito uma criança, quero apenas ressaltar alguns pontos:

Depois de cruzar os infindáveis corredores do Ministério da Marinha, cheguei ao famigerado Centro de Informações da Marinha (Cenimar), órgão responsável pela minha prisão, e entrei na sala do comandante Sarmento, que havia mandado me prender. De costas para mim, atirava dardos num pôster monumental de Mao Tsé-tung. À espera de que me desse atenção e cansado após uma noite de trabalho, encostei a bunda numa das mesas. Quando finalmente ele se voltou e me viu naquela posição, digamos assim, descontraída, teve um ataque e gritou, possesso: "Tira esse traseiro sujo de cima de minha mesa!".

É claro que obedeci. Ele então alcançou um exemplar do

Diário de Che, que estava sobre a mesa, tratou de abri-lo na página fatídica onde figurava o título do meu prefácio e, quase a esfregá-la nas minhas ventas, perguntou:

"Foi você quem escreveu esta merda?"

Fazer o quê, não é? Confirmei que sim... E ele anunciou que eu estava incurso nas penas do Ato Institucional nº 5.

"Mas o livro foi lançado um ano antes da edição do AI-5", argumentei, "e ao que eu saiba a lei não é retroativa."

Nesse instante o comandante Sarmento pareceu perder o rebolado. Mas foi só por um instante, porque logo depois disse para o homem da metralhadora: "Leva ele pra Ilha e deixa lá de castigo".

E lá fui eu de novo pelos corredores infindáveis com minha escolta quando, lá atrás, o comandante Sarmento gritou meu nome. Eu me voltei, rezando para que tudo aquilo não passasse de uma brincadeira, mas ele apenas falou, de modo irônico:

"Vê se não dá em cima dos meus fuzileiros."

Quando cheguei à Ilha das Flores, ainda era noite. Por toda parte cães pastores-alemães, mal contidos pelos que os seguravam, latiam enlouquecidos. Ninguém me fez nenhuma pergunta, não preenchi nenhuma ficha, como esperava. Apenas fui colocado numa cela na ala das mulheres, pois a dos homens estava lotada. Quando amanheceu, uma das presas encarregadas de varrer o corredor se aproximou mais que as outras da porta da minha cela enquanto fazia o trabalho e perguntou num sussurro:

"Companheiro, você é de onde?"

Acho que ela queria saber a qual dos muitos grupos em que se subdividia a resistência à ditadura eu pertencia. Mas eu, que não pertencia a nenhum deles, disse, pura e simplesmente: "Eu sou do *Globo*". Após alguns segundos de silêncio ela perguntou, com um tom de asco na voz:

"Do *Globo*?"

E simplesmente foi embora, sem querer mais conversa comigo. Mas sim, eu era do *Globo*, e hoje posso dizer isso com muito orgulho. Eu era do jornal que a esquerda amaldiçoava, mas onde cinco dias depois, e apesar da minha ausência, meu futuro de certa forma foi decidido. Sem que eu aparecesse para trabalhar e sem que ninguém soubesse onde eu estava, naqueles tempos de terror do AI-5 foi fácil para Fuad Atala concluir que eu tinha sido preso. Ele comunicou isso ao dr. Roberto Marinho, que resolveu: até que eu aparecesse de novo, meu salário seria religiosamente depositado no banco. E, se ficasse comprovada minha prisão, quando fosse solto continuaria no emprego.

Além disso, o jornal tentou de todas as maneiras descobrir meu paradeiro. Mas em cada quartel ou unidade militar, incluindo a Ilha das Flores, a resposta que seus enviados ouviram foi sempre a mesma: "Aqui não existe ninguém com esse nome". Enquanto isso, fiquei quarenta dias incomunicável, isolado numa cela, proibido de falar com quem quer que fosse e sem direito a leituras. Na hora do banho, eu ia com Jean Marc von der Weid, o outro preso incomunicável, até os dois únicos chuveiros e lá nos banhávamos sob a vigilância de dois fuzileiros armados, que antes do banho deixavam bem claro: não podíamos trocar uma só palavra, nem mesmo dizer: "Me passa o sabonete?". Pois mesmo essa simples frase poderia muito bem ser algum tipo de código.

A essa altura, Victor Alegria, preso em Brasília pelo mesmo motivo que eu — a publicação do famigerado *Diário* de Che Guevara —, já estava na ilha dividindo uma cela com mais quatro presos. Apesar de todo o mistério a respeito da minha localização, e mesmo sob severa vigilância dentro da ilha, consegui tornar público o meu paradeiro. Como isso foi possível? É quase uma piada, que vou contar mais adiante.

Quando finalmente saí da incomunicabilidade, fui colocado numa cela com quatro anciãos, um deles um ícone da esquerda — Diógenes Arruda Câmara, de todos os comunistas, o mais odiado pelos militares. Ele estava no Recife naquele fatídico 1º de abril de 1964; foi preso, amarrado feito um cachorro pelo pescoço e arrastado pelas ruas para que todos vissem como um comunista devia ser tratado. Quando entrei na cela e o vi, percebi logo as marcas de tortura que ele ainda ostentava. Mas as torturas tinham sido suspensas uma semana antes da minha prisão, por conta da candente matéria sobre o assunto que a revista *Veja*, driblando a censura, tinha publicado.

O convívio com Diógenes Arruda Câmara e os outros três senhores, de cujos nomes não me lembro, foi apenas tedioso. Como cada um pertencia a uma facção diferente dos envolvidos com a luta armada — e havia dezenas delas —, eles não faziam outra coisa senão brigar o tempo todo. A razão por que me colocaram numa cela com quatro anciãos, descobri depois, é que eu era (vamos usar essa palavra insuportável) gay e, para aqueles militares acostumados à prática da repressão e, portanto, altamente reprimidos, se eu fosse colocado numa cela com homens jovens e cheios de tesão, bem...

Minha saída da Ilha das Flores ocorreu na radiosa manhã do dia 9 de fevereiro de 1970. Eu e Victor Alegria fomos liberados juntos. Durante aqueles setenta dias meu único ato de resistência foi recusar que me cortassem o cabelo, e eu o fiz com tamanha veemência que os militares desistiram de ir em frente. Naquela mesma noite, depois de abrigado pelo meu amigo Francisco Carlos Alves de Sousa, também conhecido como Danielle, na sua casa da Lapa, ainda com a juba de dois meses, fui ao cinema Veneza assistir *Perdidos na noite*, que um mês depois ganharia o Oscar. Era um filme sobre marginais moradores de um gueto nova-iorquino. E isso — ser marginal e morar na Lapa ou em qualquer outro gueto — era tudo o que eu nunca mais queria ser na vida.

No dia seguinte, após cortar os cabelos e conseguir roupas decentes, voltei à redação de *O Globo*, onde todos fizeram questão de agir como se eu tivesse saído de lá na noite anterior, no final do expediente. O que, trocando em miúdos, significa que foram todos muito simpáticos e solidários comigo. Ao meu sobrado da Lapa não pude voltar mais, a não ser para retirar o pouco que me restara — visitantes noturnos, saídos não se sabe de onde, roubaram quase tudo. Mas meu problema de moradia foi rapidamente resolvido por Henrique Weltman, subeditor de *O Globo*, que estava se mudando de um apartamento em Santa Teresa e se ofereceu para me passar o contrato.

Depois de uma semana da minha volta ao trabalho, Armindo Blanco, um português fugido da ditadura de lá, outro subeditor na redação de *O Globo*, marcou uma feijoada em sua casa, no final do expediente de uma sexta-feira, para que, diante de grande parte dos meus colegas de redação, eu finalmente "contasse tudo". Porém, depois de bater um belo prato de feijoada, eu disse que não ia contar porcaria nenhuma, pois não estava preparado para falar sobre aquilo. E acho que não estou até hoje, por isso me desculpem se estas linhas lhes pareceram mal traçadas.

Fiquei no *Globo* durante oito anos. Apesar de toda a minha experiência anterior, posso dizer que foi lá, convivendo — e aprendendo — com grandes profissionais, que finalmente me tornei um verdadeiro jornalista. Durante todo esse tempo, meu cargo foi o de copidesque. Mas, modo informal, eu era sempre mais que isso. Fui subeditor da editoria de Cidade, editor de Polícia, durante anos fiz todos os títulos e chamadas da primeira página, que Luís Garcia oficialmente editava...

Tudo isso eu fiz sempre de modo, digamos assim, clandestino. Não tardou muito para que descobrisse a razão: era de novo o meu comportamento "agressivo", para dizer o mínimo — o mesmo que levara Artur da Távola a ficar sempre cheio de dedos na minha presença até me demitir do *Última Hora*. No *Globo* as pessoas eram mais liberais; hoje, quando me lembro de certas situações, me pergunto por que Iran Frejat, oficialmente o editor de Cidade, nunca mandou me demitirem nas muitas vezes em que lhe dirigi uma enfiada de desaforos. E logo encontro a resposta: porque eu era bom no que fazia. E porque eu editava e não me importava se ele ficasse com os louros.

O fato é que, embora tenha me comportado mal muitas vezes lá, só fui embora do *Globo* quando assim o quis. Antes disso, mesmo sem sair da "clandestinidade", passei a ter meu trabalho reconhecido e prestigiado quando lá entrou Evandro Carlos de Andrade como diretor de jornalismo.

"Quem reescreveu essa matéria sobre a Wilza Carla?"

Eu sei, porque a gente percebe essas coisas, que Evandro Carlos de Andrade gostava muito de mim. Mesmo assim, durante o tempo em que trabalhamos juntos no *Globo*, tivemos duas brigas feias.

A primeira foi quando ele me mandou entrevistar o detetive Bechara Jalkh e redigir a matéria que apresentava a versão oficial da história policial conhecida como "O caso Lu". Eu cumpri a ordem, mas dias depois escrevi outra reportagem, publicada no jornal *Opinião*, na qual levantava dúvidas sobre o desfecho que *O Globo* apresentara para o caso. No dia em que o *Opinião* saiu, Evandro me mandou uma carta dizendo que se eu, um simples funcionário da redação, tinha dúvidas quanto ao conteúdo do jornal do qual ele era diretor de jornalismo, devia pedir demissão. Respondi com outra carta na qual dizia que cabia a ele decidir se eu devia ou não permanecer no jornal, já que o poder de me demitir era dele.

Durante uma semana, sempre através de mensageiros, trocamos cartas sem sair do impasse. Até o dia em que, em vez de carta, veio o próprio Evandro à minha mesa e me convidou para um almoço no dia seguinte. Só falamos de trivialidades, o que foi sua maneira de dizer, *sem dizer*, que o assunto estava encerrado.

A segunda briga foi quando eu — a essa altura um repórter muito requisitado por grandes revistas e jornais alternativos — achei de modo vão que podia sobreviver como freelancer. Então, em agosto de 1978, invadi a sala dele, disse que já não aguentava mais a rotina do jornal, onde me tornara responsável por várias tarefas mas oficialmente era só copidesque e mais nada, e pedi que me demitisse para que eu pudesse receber — outra vez essa história! — o fundo de garantia que me garantisse a sobrevivência durante alguns meses de um possível desemprego.

Ele fez o que pedi. E eu, que realmente pretendia viver como freelancer, dois meses depois, após algumas reuniões com Daniel Filho, fui contratado como roteirista para escrever o seriado *Plantão de Polícia* na Rede Globo. Evandro achou que essa contratação já estava acertada quando lhe pedi que me demitisse e, furioso, me desancou numa última conversa que tivemos e deixou de falar comigo. Só voltou a fazê-lo, de novo como se nada tivesse acontecido, quando ele próprio deixou o jornal e foi trabalhar como diretor de jornalismo na Globo.

Mas Evandro Carlos de Andrade foi também o responsável pela maior mudança na minha vida de jornalista — minha transformação em repórter especializado em assuntos de polícia. E o que isso me deu em termos de experiência, embora eu não exerça mais a profissão de jornalista, rende frutos até hoje em minhas novelas.

Uma das grandes sacadas de Evandro Carlos de Andrade, ao ser convocado para modernizar o dinossauro que era o jornal *O Globo*, foi transformar a seção de Polícia numa editoria autônoma e dar a ela grande destaque. Até então, a não ser naqueles veículos especializados – *O Dia, A Notícia, Luta Democrática* –, os jornais publicavam as reportagens policiais na seção de Cidade sem lhes dar maior relevância. Só quando um caso policial mobilizava a opinião pública é que ganhava chamadas de primeira página nos jornais ditos sérios. Mas os profissionais que se especializavam no assunto eram vistos nessas redações como jornalistas "menores". E, pela maneira obsessiva como se envolviam com as histórias que cobriam, eram muitas vezes objeto de piadas dos colegas.

Evandro não só deu *nobreza* aos assuntos policiais em *O Globo* como batalhou para que os textos ganhassem qualidade. Foi por aí que me tornei uma parte dessa história. Certo dia, me caiu às mãos uma entrevista com Wilza Carla, famosa vedete da época, criadora de casos contumazes e que tinha aprontado mais uma. O texto, que me desculpe o repórter responsável por ele, não cheirava nem fedia. Eu o virei pelo avesso e o tornei delicioso, modéstia à parte, com direito à chamada na primeira página.

No dia seguinte, Evandro veio até a mesa de Frejat com o jornal na mão e perguntou: "Quem mexeu nessa matéria da Wilza Carla?". Na ânsia de se livrar de qualquer responsabilidade, Frejat apontou o dedão para mim e disse: "Foi o Aguinaldo". Ao que Evandro retrucou, já se dirigindo a mim: "A partir de hoje você só vai copidescar matérias de Polícia".

Isso foi a partir "de hoje", porque a partir dos outros dias, passei a fazer mais ainda. Orientado por ele, criei uma seção diária chamada "Coisas da Vida", na qual um caso de polícia, mesmo sem maior importância, ganhava um tratamento especial, de crônica, com até ilustração de Marcelo Monteiro. Escrita inicialmente apenas por mim, "Coisas da Vida" fez tanto sucesso que depois ganhou "autores convidados", entre eles os escritores José Edson Gomes e João Antônio, que eram convocados para comparecer à redação numa certa hora e escrever suas versões pessoais dos casos por mim escolhidos.

A "revolução" levada a cabo por Evandro Carlos de Andrade em *O Globo*, não só do ponto de vista gráfico, mas principalmente de conteúdo, fez com que os outros grandes jornais da época — *Jornal do Brasil* no Rio, *Estadão* e *Folha* em São Paulo — passassem a dar grande destaque aos casos de polícia e a tratá-los de modo mais "nobre". Foi quando surgiu no *Jornal da Tarde*, de São Paulo, o repórter policial Percival de Souza, que continua na ativa até hoje e se coloca entre os grandes de sua profissão.

Nessa época, comecei a ser chamado para fazer reportagens policiais mais elaboradas para revistas semanais — *IstoÉ* — e mensais — *A Revista do Homem* (que depois se tornaria a *Playboy* brasileira), *Ele & Ela* e muitas outras, numa sequência que resultou, em 1977, na outorga do 1º Prêmio Abril de Jornalismo, categoria Melhor Reportagem Individual, a um texto meu intitulado "Pobres Homens de Ouro" (disponível na segunda parte deste livro), sobre um dos grupos de elite da polícia carioca que ficaram conhecidos como os Esquadrões da Morte. Deixando a modéstia de lado, posso dizer que sobre esse tema eu me debrucei com raros vigor e coragem e muitas, muitíssimas doses de loucura, na longa sequência de matérias que fiz para os jornais alternativos *Opinião* e *Movimento*, muitas das quais, reproduzidas neste livro, justificam a sua publicação.

Baixada Fluminense, anos 70:
como num filme de bangue-bangue

Nos anos 1970, um cidadão chamado Edmilson "Cigarrinho",
com quem eu trabalhava na redação e que depois se tornaria meu
compadre — apadrinhei seu primeiro filho —, foi preso na Baixada Fluminense, segundo a polícia em circunstâncias "altamente
suspeitas": a pé, quando transportava sobre a cabeça um aparelho
de TV, último e mais precioso item da mudança que fizera durante
todo o dia para uma nova casa.

Os policiais que o abordaram não perderam tempo com meias
palavras — foram logo perguntando de onde ele tinha roubado
a televisão. "É minha", Cigarrinho respondeu. "Comprei com
meu suor e estou levando pra minha casa." Os policiais não se
impressionaram com a resposta e seguiram adiante: "Se é sua, se
foi você quem comprou, então mostra a nota fiscal". Como ele
não pôde fazer isso, foi preso sob suspeita de um furto do qual
a televisão era a prova.

Era um sábado. Cigarrinho estava de folga no jornal. Sua mulher, grávida, ficara na casa dos pais enquanto ele fazia sozinho a mudança. Levado para uma delegacia nos confins poeirentos de São João de Meriti, cidade onde morava, ele protestou o quanto pôde. Não se pode afirmar que seus protestos foram em vão, pois por causa deles levou vários tapas.

No dia seguinte, certa de que a mudança fora concluída, a mulher de Cigarrinho seguiu para o novo endereço e lá não o encontrou, assim como não encontrou a televisão à qual fora reservado um lugar de destaque na sala. Sem saber como descobrir o paradeiro do marido, e após cumprir a ronda pelos orelhões, os telefones públicos da área, e descobrir que estavam todos quebrados, ela decidiu seguir o caminho mais longo: pegou um trem e depois uma sequência de ônibus, que a levaram até o jornal onde ele, como contínuo, e eu, como copidesque, trabalhávamos.

Edmílson era o que meus colegas jornalistas chamavam de "uma figura folclórica". Sempre muito bem-humorado, capaz de tiradas irônicas dignas de um cidadão mais letrado, ele se destacava dos outros contínuos da redação, que não gostavam dele e o consideravam "metido a bacana". Mas os jornalistas o adoravam. Por isso naquele domingo em que sua mulher adentrou a redação em prantos e anunciou que ele havia sumido, a notícia mobilizou meio mundo. Um dos repórteres de polícia, depois de saber que Cigarrinho transportava um aparelho de TV quando sumiu — um vizinho viu quando ele saiu da casa antiga com o objeto sobre a cabeça —, matou logo a charada:

"Negro, pobre e carregando uma televisão sobre a cabeça? Foi preso, tá na cara."

Em poucas horas o tal repórter chegou à delegacia poeirenta onde Cigarrinho foi localizado e solto. Mas sua sorte podia ter sido outra, se ele não fosse tão querido no local onde trabalhava.

A história de Edmílson Cigarrinho — incluindo os detalhes

sórdidos que ele me contou depois, quando decidi, como se diz, colocá-la em letra de forma — virou *O inimigo público*, um dos meus livros, cujos direitos autorais dividi com ele. E, anos depois, se tornou o episódio-piloto da série *Plantão de Polícia* da Rede Globo, também escrito por mim. Quem assistir a este último verá que a Baixada Fluminense na qual ele foi quase todo gravado era bem diferente do que é hoje. Embora houvesse núcleos aos quais, com certo esforço, se poderia chamar de "urbanos", a periferia eram vastos e desolados descampados, nos quais — não só por falta de iluminação pública nas ruas e loteamentos — dava medo de caminhar à noite.

Vários episódios de *Plantão de Polícia* que tinham a Baixada Fluminense como ambiente conseguiram transmitir a sensação de insegurança e medo dos seus moradores. Um deles, exacerbado até onde a televisão e a censura vigente na época permitiam, foi "Lili Carabina", uma personagem criada por mim que depois teve sua identidade disputada na vida real por várias mulheres: "Eu sou a loura dos assaltos", todas diziam. E pelo menos uma, que morreu há poucos anos, conseguiu se apropriar da identidade daquela que, a não ser na minha ficção, nunca existira.

Edmílson Cigarrinho nunca saiu da Baixada — a última vez em que nos encontramos ele era assessor do então prefeito de São João de Meriti, cidade na qual vivia quando foi preso e onde continua morando até agora.

Quando fui pela primeira vez à Baixada Fluminense, em 1964, ela não era aquela de meados dos anos 1970, composta por alguns núcleos urbanos com uma vasta periferia desolada, não: era ainda menos que isso. Eu tinha vinte anos, acabara de chegar ao Rio, trabalhava como copidesque no *Última Hora* e fora convidado para o aniversário de um conhecido, nordestino como eu, que morava em Caxias. Ele me explicou detalhadamente o percurso que eu devia seguir: até chegar à casa do aniversariante teria que tomar vários ônibus, a partir do primeiro que saía da praça Mauá, no centro do Rio.

Claro que depois da terceira parada eu me perdi. Quando me achei de novo e afinal cheguei à festa, ela já tinha acabado. Mas o tanto que vaguei pelos confins da Baixada sem conseguir encontrar meu destino me deixou fascinado. Enquanto anoitecia — e anoiteceu antes que descobrisse onde era a casa do meu amigo — eu sentia aumentar em torno de mim a sensação de perigo. Era como se eu tivesse entrado no túnel do tempo e saído no Oeste americano longínquo. Não cheguei a ver nenhum caubói, mas pastando pelas ruas improvisadas não faltavam cavalos... e até algumas vacas magras.

Durante o tempo em que, como jornalista, me dediquei aos trabalhos de freelancer, voltei lá muitas vezes — de carro, não mais de trem ou ônibus. Posso dizer que, nessas muitas visitas, vi a Baixada crescer. Mas também que a de hoje, embora não seja mais o descampado no qual me perdi e Cigarrinho foi preso, não é menos violenta que a de ontem.

Foi essa, a de ontem, que fui procurar quando, depois de alguns anos sem ir lá, achei que estava na hora de colocá-la numa novela, e — pasmem! — no horário das nove. *Senhora do Destino*, de 2004, se passava num distrito imaginário de Nova Iguaçu, e quando sua protagonista, Maria do Carmo, chega lá, o ano é 1968, o Ato Institucional nº 5 acabou de ser decretado e ela se vê confrontada ao mesmo tempo com esse presente incerto e com essa Baixada do passado. Contrariando as previsões de que, pelo menos na televisão, a Baixada "não dá samba", *Senhora do Destino* foi um grande sucesso e é, até agora, a recordista de audiência deste milênio. Mesmo assim, a região não voltou a ser o ambiente principal de uma novela — nesse quesito, o Leblon ainda é o preferido.

Depois de 2004, apenas passei pela Baixada. Só voltei lá uma vez, em 2010, quando fui ao foro de Nova Iguaçu responder a um processo por "difamação", que foi afinal arquivado. A cidade já era a oitava mais populosa do Brasil naqueles idos dos 70, mesmo que não merecesse sequer ser chamada de cidade, pois não passava de um acampamento improvisado. Desde então ela mudou muito, pelo menos na parte mais central. Na enorme periferia, ainda padece dos mesmos males: falta de iluminação pública, de água encanada, de esgotos e — claro — de segurança, problema que sempre afligiu seus moradores e fez com que muitos, como quase aconteceu com Cigarrinho, fossem sacrificados.

Mas fiquemos nos anos 70. Mais do que agora, era a Baixada que servia de cenário para os casos extremos de violência policial na área que se convencionou chamar de Grande Rio. Era nos seus cantões que davam seus primeiros passos e faziam suas experiências macabras os promotores da violência — policiais e bandidos, cada um por si ou misturados, numa sinistra associação que só faria crescer nas próximas décadas até ultrapassar as fronteiras da Baixada, se espalhar como um vírus tenebroso por toda parte e ocupar cada pedaço da Grande Rio, hoje um território permanentemente sitiado.

Portanto, a única coisa que mudou desde então é que a violência deixou de ser um privilégio da Baixada e pode explodir a qualquer momento e em qualquer lugar. O resultado é que aquela sensação de insegurança que me acometeu na minha primeira visita à região agora se faz sentir por toda parte.

A difícil busca do fato, ou "Eu estou aqui a trabalho!"

Naquela época, se você era um repórter especializado em assuntos policiais e se apresentava num local de crime ou numa delegacia — mesmo as especializadas — como repórter dos jornais *Opinião* e *Movimento*, o máximo que conseguia em matéria de informação era que alguém o olhasse com cara de "e daí?" e lhe desse as costas. Não era diferente se você fosse falar com as testemunhas ou os parentes das vítimas. Nos locais da periferia onde os crimes relatados nas reportagens publicadas neste livro aconteciam, jornais eram *O Dia*, *A Notícia*, *Luta Democrática*... Talvez *O Globo*, que passara a dar destaque à editoria de Polícia havia alguns anos, e o *Jornal do Brasil*, que, do alto do seu prédio na avenida Rio Branco, continuava a não se dar ao desplante de falar desses assuntos.

Assim, para ouvir alguma coisa que valesse matéria, era preciso usar de muita criatividade. Mostrar solidariedade em relação aos vivos e indignação com o que acontecera com os mortos: jamais discordar da versão comum a todos os crimes, segundo a qual membros da polícia tinham sido seus autores — mesmo porque ela era quase sempre verdadeira. Na época, talvez se sentindo respaldada pela ferocidade da ditadura, a polícia matava. Não era como hoje em que ela divide, até com alguma desvantagem, as estatísticas com os bandidos.

Como apurar e correr atrás da notícia fazendo parte da imprensa alternativa e sem pertencer aos quadros daqueles jornais mais lidos e prestigiados? Vejamos um dos casos citados neste livro (o texto "A exceção e a regra"). Ele trata de dois garotos que são executados por policiais num loteamento de Vila de Cava, em Nova Iguaçu, enquanto os moradores do local ouvem tudo através de suas portas e janelas fechadas. D. Raimunda, que testemunhou a execução e contou como foi ao repórter de *O Globo*, não quis falar comigo na primeira vez em que a procurei, na segunda não estava em casa — mandou alguém me dizer que tinha se mudado. Outros vizinhos falaram em nome dela, sob a condição de não serem identificados. "Os policiais podiam voltar e acabar com eles", diziam. Todos tinham medo. Vila de Cava, nessa época, era um descampado, e a rua dos Rosas ficava num loteamento, como quase toda a periferia de Nova Iguaçu.

Nos casos de execução, havia sempre testemunhas de que tinha sido a polícia. Este aconteceu num sábado de madrugada, dia em que eu editava a seção de Cidade e, dentro dela, a de Polícia, no jornal *O Globo*. Sem consultar ninguém, dei grande destaque à matéria. A repercussão foi enorme, e os outros jornais também assumiram o caso no domingo. No final desse dia, a surpresa: o presidente Ernesto Geisel, que lera a reportagem — ou fora informado sobre ela —, se manifestou e pediu providências.

(Se ele ligou para a redação para se inteirar sobre o assunto? Claro que não — um presidente da República, na época da ditadura, jamais desceria do Olimpo. Ele chamou o ministro da Justiça, Armando Falcão, e pediu que se ocupasse do caso. Isso foi divulgado pela Presidência da República em comunicado oficial. Ou seja, a repercussão da reportagem foi tamanha que obrigou o todo-poderoso ditador da vez a exigir providências.)

Na época, quem editava Cidade em O Globo era Iran Frejat, ou seu subeditor, José Gorayeb. Eu fazia os títulos e dava o toque final nos textos principais. O diretor de jornalismo era Evandro Carlos de Andrade. A notícia das execuções em Vila de Cava foi um grande "furo" para o jornal, mas quando cheguei para trabalhar na segunda-feira senti o clima pesado. O ambiente era de preocupação. Frejat estava muito agitado. Ficou ainda mais quando Evandro veio falar com ele, trazendo o exemplar do jornal no qual fazia anotações e reparos. Como eu trabalhava frente a frente com Frejat — nossas mesas eram geminadas —, no momento em que Evandro deixou o exemplar do jornal diante de mim, estiquei o pescoço e pude ler o que estava escrito em tinta vermelha sobre a reportagem das execuções de Vila de Cava: "Sinais de perda de controle".

Por que essa perda de controle? Talvez porque a notícia tenha chegado à redação apenas como uma nota para ser publicada sem grande destaque. Quem a levantou foi Dílson Behrends, um repórter com jeito de pastor de igreja pentecostal — a turma da redação dizia, brincando, que ele tinha "cara de coveiro" —, com muitos contatos na Baixada.

Na verdade, os repórteres policiais da época, com raras exceções, não se preocupavam em escrever bem. Nem faziam relatos, apenas relatórios. O que me chegou às mãos, apenas uma lauda e meia, não era grande coisa. Mas, quando li, decidi dar à matéria um tratamento especial eu mesmo e fiz um texto mais impactante. Havia umas fotos, não dos garotos, mas de vizinhos com quem

Dílson falara, que contavam o que tinham escutado: as súplicas dos dois garotos — "Não me mata, não me mata" — e depois a saraivada de tiros. A descrição dos últimos instantes daquelas duas crianças é que dava força à matéria. Por isso eu a publiquei com grande destaque na página policial e consegui que Luís Garcia, o editor da primeira página, desse uma chamada na capa.

Era comum achar que, se era bandido, a polícia tinha mais que matar e pronto. Nem sempre as vítimas eram bandidos, e mesmo assim eram mortas. Às vezes por engano, outras por "distração" ou crueldade mesmo. Talvez eu fosse um dos que mais se mostravam abertamente contra, mas não era o único a ficar chocado com tudo isso. Ainda não havia essa história de direitos humanos — afinal, a gente vivia numa ditadura —, mas as pessoas comentavam entre si, e na redação onde eu trabalhava muitos — porém poucos repórteres de Polícia — se declaravam afrontados com as histórias.

De qualquer modo, a violência dos bandidos era menor. Naquela época não fazia parte da rotina a expectativa de sair à rua e ser assaltado a qualquer momento, como acontece nos dias atuais. Há toda uma parafernália de advogados, representantes de ONGs, pessoas que estão ali para faturar por conta do problema dos outros. Naquela época era diferente. Quando um advogado se pronunciava, sua voz tinha mais peso.

O *Opinião*, que publicou a maioria desses meus textos, era, como o próprio nome diz, um jornal opinativo. Ele permitia que se desse um tom mais pessoal às matérias, publicava o ponto de vista do repórter. Isso foi algo que fiz desde o começo, mas eles não me deram essa liberdade de graça. O primeiro texto que escrevi, um perfil de Ibrahim Sued (o colunista social mais prestigiado da época), foi capa do jornal e teve tamanha repercussão que me abriu esse espaço. E eu tinha uma escola: já lera muita coisa do Norman Mailer, Truman Capote, Gay Talese, Tom Wolfe. Tinha a ambição de fazer aqui o que eles faziam fora, que se chamava "novo jornalismo" e, em síntese, era dar a cada texto um tom pessoal, quase "impressionista", sem fugir à verdade dos fatos. Eu achava aquilo o máximo. Como sempre me encantei por esse universo da reportagem policial, resolvi me especializar nisso. Mas minha entrada nesse universo da reportagem policial foi meio aleatória. Evandro Carlos de Andrade, um dos maiores jornalistas que conheci, foi quem me encaminhou. Como já contei, quando cheguei ao Rio, em 1964, tinha vinte anos e era jornalista havia dois. Tinha trabalhado no *Última Hora — Nordeste* e, entre outras coisas, viajara com Miguel Arraes na parte mais dura de sua campanha para governador de Pernambuco, numa época em que as reportagens quase sempre eram escritas à mão e seguiam para as redações "em lombo de burro", ou seja, levadas, como favor, por motoristas de ônibus.

Depois que a ditadura fechou o *UH — Nordeste* e proibiu que os outros meios de comunicação dessem emprego aos que trabalhavam nele, o *UH — São Paulo* me mandou uma passagem de avião e a garantia de um emprego, mas preferi vir para o Rio. Fui morar na Lapa, lá conheci aqueles marginais todos e os policiais que gravitavam em torno deles ou com eles tinham relações espúrias. Fiquei fascinado por esse universo — muito diferente de hoje. Naquela época a polícia era muito mais arbitrária. Havia um artifício legal na Lei de Contravenções Penais que era uma limitação terrível para todo mundo: o crime de vadiagem. Qualquer um que fosse preso ou interceptado na rua sem a carteira de trabalho assinada era considerado vadio, era preso, julgado e em geral condenado. Era uma situação terrível, e só tinha um lado discutivelmente bom: todo mundo andava com a carteira profissional assinada no bolso; portanto, oficialmente não havia quase desemprego.

Muitas vezes, quando eu saía do *Última Hora* aqui no Rio, o Amado Ribeiro, famoso repórter de polícia da época, avisava: "Não vai para a Cinelândia hoje, porque vai ter blitz". E a blitz era sempre uma coisa constrangedora. Uma vez eu caminhava em direção ao Bar Amarelinho quando um sujeito me segurou pelos cabelos. Era o delegado Deraldo Padilha — um verdadeiro psicopata, então muito prestigiado na polícia até cair em desgraça —, que viera pelas minhas costas. Pediu os meus documentos. Eu estava não só com a carteira profissional, mas também com a funcional, na qual aparecia como jornalista. Ele perguntou: "Mas o que você está fazendo *aqui?*". Respondi que havia centenas de pessoas na rua, saindo ou entrando nos cinemas, ocupando as mesas dos bares, pois ainda não eram nem sete da noite. Por que eu especialmente não podia andar ali? Ainda que de má vontade, ele me dispensou, e os que olhavam a cena à distância — os gays que frequentavam a Cinelândia — me aplaudiram.

Sim, nós tínhamos um ressentimento muito grande da polícia, mas não era como hoje. Não era uma coisa ideológica. Você era a vítima dos desmandos policiais, sofria na carne. Era uma coisa kafkiana, bastava ser um cidadão para ser considerado suspeito aos olhos da polícia...

Sobre a questão de abusos policiais, aconteceu uma história incrível na minha própria casa. Eu morava num sobrado maravilhoso na Lapa, que ficava na rua Visconde de Maranguape, esquina com a Evaristo da Veiga. Tinha azulejos portugueses em algumas paredes, louça inglesa nos banheiros, uma escada circular que dava para o mirante com a placa "Made in Liverpool", e que foi derrubado — não só ele, mas ruas inteiras de sobrados maravilhosos como o meu: uma perda irreparável — para a construção daquela praça-descampado que hoje é a Lapa.

Eu hospedava muitos amigos que vinham do Nordeste. Chegou um momento em que tinha muita gente lá. Quando meus hóspedes anunciaram que ia chegar mais alguém da Paraíba, eu disse que não dava. Eu acabava alimentando todo mundo, por ser o único que trabalhava! O que fizeram meus amigos? Como eu saía para trabalhar às três da tarde e só voltava às onze do jornal, eles botaram o cara na minha casa escondido de mim. Ele ficava das três às onze circulando no sobrado e, antes de eu chegar, subia pela escada "Made in Liverpool" e ia dormir no mirante.

Um dia, quase à meia-noite, eu estava na varanda escovando os dentes quando vi uma correria na rua. Eram vários policiais fazendo sinal para mim, dizendo que havia alguém no meu telhado — um vizinho o vira e os alertara. Achando que era um ladrão, abri a porta para eles entrarem. Os meus amigos ficaram em pânico, mas não disseram nada. Os policiais foram até o mirante e desceram com o rapaz e suposto ladrão já algemado. Para mim, o detalhe interessante foi: o larápio estava de pijamas!

Depois que os policiais o levaram sem que ele conseguisse se explicar — cada vez que tentava fazê-lo, levava um tapa na cara —, os meus amigos me disseram que o tinham escondido ali porque ele não tinha onde ficar... E lá fui eu à 5ª DP, um pardieiro então na Mem de Sá, soltar o cara. Expliquei aos policiais a história toda. A primeira pergunta foi se o rapaz trabalhava. Eu disse que ele havia acabado de chegar do Nordeste, ainda não tinha arranjado trabalho. Mostrei meus documentos de jornalista, mesmo assim eles avisaram que o rapaz ia dormir na cadeia e seria solto no dia seguinte. Fizeram isso só de maldade. Mesmo sabendo que não era ladrão, deixaram o cara na cela, com outros presos... de pijama.

Claro, isso é uma bobagem diante do que os presos políticos dizem ter sofrido — e efetivamente sofreram. Mas eu raciocino assim: os presos políticos eram poucos e, depois que a ditadura acabou, alguns foram ressarcidos. Já os cidadãos comuns que sofreram com a violência policial foram muitos, muitíssimos, podem ser contados aos milhões no Brasil todo... e tiveram de engolir as humilhações em silêncio e se refazer por sua própria conta do trauma dos maus-tratos.

Todo cidadão, em princípio, era suspeito. Em toda ditadura (inclusive nas disfarçadas de hoje) é assim. Naquela época tinha um presídio na Quinta da Boa Vista, o "Galpão", onde ficava todo mundo que era preso por vadiagem. Fui visitar muito amigo meu lá. Não eram bandidos nem tinham cometido crime algum, eram apenas pessoas desempregadas. Chegavam a ser condenados a até seis meses de prisão, por incrível que pareça.

Sim, naquela época as pessoas eram muito conformadas. A sensação de estar sendo vigiado era tão forte que quase ninguém se revoltava, as pessoas engoliam a revolta e tentavam seguir em frente apesar de tudo. Tive um amigo gaúcho preso por vadiagem, a quem eu sempre visitava no Galpão. Um belo dia, cheguei lá e ele não estava, tinha simplesmente sumido, e não me deram nenhuma satisfação. Nunca mais tive notícias dele.

Quando fui preso na Ilha das Flores, em 1969, as pessoas do *Globo* — onde eu já trabalhava — mobilizaram todos os figurões políticos da época para tentar me localizar. E o que o governo dizia sempre é que eu não estava preso. Até que usei certo artifício. Aproveitei o interesse de determinado cabo carcereiro em literatura — de vez em quando ele conversava comigo sobre o tema — e dei a ele um bilhete no qual pedia à secretária da minha editora que desse um exemplar de cada um dos meus livros a ele.

O nome do cabo era Murilo, a secretária da minha editora se chamava Conceição. No bilhete eu dizia: "Conceição, o portador deste é o cabo Murilo, da Ilha das Flores, onde me encontro agora..." etc. etc. etc. O cabo ganhou meus livros, meus amigos descobriram onde eu estava preso e o meu bilhete, segundo soube depois através do jornalista Anderson Campos, foi parar nas mãos do historiador Hélio Silva e deve fazer parte do acervo dele. O engraçado é que anos depois, ainda no *Globo*, eu saía para fazer um lanche no Edifício "Balança mas não Cai", na rua de Santana, e lá encontrei o cabo Murilo saindo do prédio. Eu me dirigi a ele, perguntei como estava o presídio. Ele me disse: "Não sou mais militar, larguei aquela vida". Este "aquela vida", para mim, disse tudo.

Entrei no *Globo* no dia 29 de outubro de 1969. No dia 5 de novembro fui preso. Minha história como editor de polícia é posterior à minha prisão. Mas, na minha passagem pelo *Última Hora*, eu fazia um pouco de tudo — inclusive Polícia, então já tinha um antecedente. Dois dias depois da publicação da reportagem sobre a "chacina de Vila de Cava", Raimundo Rodrigues Pereira, editor do *Opinião*, me ligou e encomendou "pra ontem" uma matéria sobre o assunto. Eu tinha que contar só com o texto que já tinha saído, a repercussão e a minha opinião. Se você pede uma matéria de noite para a madrugada seguinte, só é possível assim. Eu fazia o texto no calor dos acontecimentos. No caso do Ibrahim Sued, tive tempo para pesquisar, entrevistar... e conhecia muito o Ibrahim — copidesquei sua coluna durante anos, ele a entregava a mim pessoalmente e sempre conversava alguns minutos comigo.

Para algumas reportagens eu tinha tempo de ir ao lugar onde tudo acontecera em busca de clima, testemunhas que não dissessem o feijão com arroz de sempre. Mas as pessoas em geral não falavam. Quando o faziam, eram muito assustadas. E se você dizia que era jornalista do *Opinião*, um jornal que ninguém conhecia... eles te davam as costas e iam embora. Então eu usava um truque: tentava parecer o máximo possível com as pessoas que ia ouvir. Agia como se morasse "logo ali na esquina" e fosse apenas um curioso. Tim Lopes, grande jornalista, que foi meu "foca" — aprendiz, no jargão jornalístico —, era um mestre no uso desse disfarce, até que um dia, usando esse truque, acabou sendo morto.

O *Opinião* saía às quintas-feiras. Esse caso de Vila de Cava aconteceu no sábado. A reunião de pauta era na segunda. Me ligaram de noite, pedindo a matéria já para o dia seguinte, pois os textos ainda tinham de ir para Brasília, onde eram submetidos à censura. Era tudo bastante complicado. Corri atrás do que pude, mas o tempo era pouco e não consegui muito. Parti para o truque do "novo jornalismo": sem deixar de ser factual, dei a minha versão dos fatos (ver "A exceção e a regra", na segunda parte deste livro).

Já a matéria que fiz sobre o aniversário da Vila Kennedy, na qual narrava o dia a dia dos primeiros favelados a serem removidos no Rio, me fez ir lá três vezes. Havia um único ônibus, que saía às cinco da manhã, transportando os moradores para o centro da cidade. Quem não conseguisse entrar nele tinha de esperar pelo próximo e chegava atrasado ao trabalho. Assim, os lugares eram disputados pelos trabalhadores da Vila Kennedy a tapas. Eu cismei que tinha de entrar naquele ônibus. Nas duas primeiras vezes levei safanões para todo lado e não consegui chegar nem perto da porta. Na terceira vez, sim, consegui entrar... E aquela viagem interminável, de Bangu até o centro da cidade pela avenida Brasil afora, foi uma das grandes aventuras da minha vida.

Mas voltemos à Baixada. Um certo fascínio me levava até lá. Cada vez que ia, era como se viajasse para o faroeste longínquo. O ambiente era rural, mas não aquele rural idílico: pelo contrário, tudo era muito sombrio. A maioria dos moradores vinha do agreste e do sertão nordestinos, e alguns traziam para a Baixada uma cultura da violência a que estavam submetidos. Havia muitas mortes por peixeira e foice. Não dá para esquecer que durante anos ela teve no político Tenório Cavalcanti, o "homem da capa preta", seu dono e senhor, um verdadeiro representante do coronelato nordestino.

O primeiro grande caso de execuções na Baixada a ganhar os jornais foi o dos crimes do rio Guandu, ainda na época do governo Carlos Lacerda, no início dos anos 1960. Descobriram que os policiais matavam pessoas e jogavam os corpos no rio cujas águas, aliás, abasteciam os lares cariocas. Dessa mesma água a gente bebe hoje! Foi provavelmente o que inaugurou essa moda, ou seja, passou a ser fashion em todas as estações matar pessoas e desovar nos ermos da Baixada Fluminense. Os executores perceberam que jogando ali, onde ninguém era alguém, não dava em nada. Esse caso foi um escândalo, o noticiário sobre ele durou meses, mas o objetivo real da insistência não era fazer justiça às vítimas, e sim enfraquecer o governo de direita de Carlos Lacerda. Assim o crime terminou igual aos outros que se seguiram: não deu em nada.

Daí para a frente foi o que se viu. Corpos surgiam na Baixada todos os dias. Mas eram poucos os casos que repercutiam, como aconteceu com a execução dos dois garotos em Vila de Cava. A maioria passava batido. Aparecia "um presunto" em tal lugar e, no jornal, o caso só merecia cinco linhas.

Nessa matéria "Os crimes da Baixada Fluminense" (disponível na segunda parte deste livro), eu falo de uma delegacia tão improvisada que não tinha nem onde ficar. Naquela época, mesmo no Rio, as delegacias eram pardieiros. A 5ª DP, então na Mem de Sá, que frequentei muito, ameaçava desabar... Até desabou parcialmente, mas, proclamaram os policiais com orgulho, "os presos não fugiram". Na Baixada as delegacias eram ainda mais improvisadas. Algumas pareciam tendas. Quanto aos policiais, não eram do lugar, só eram indicados para trabalhar lá, e isso era considerado uma espécie de castigo.

Sempre que precisei ir à Baixada por causa de um desses textos, foi por minha própria conta. O *Opinião* e o *Movimento* não podiam se dar ao luxo de fornecer transporte aos jornalistas. Muitas vezes fui de trem, e assim minha viagem começava na Central do Brasil. Na Baixada, precisava pegar um, até dois ônibus para uma viagem interminável por estradas ermas antes de chegar à cena do crime. Às vezes arrumava carona com um amigo bondoso, que me acompanhava no que a gente chamava de "safári no país das trevas". Depois comprei um Fusca. Mas nunca ia só.

Uma pergunta que sempre me fazem, quando digo que fui repórter policial, é se cheguei a ver corpos. Vi alguns. Até carbonizados. São ossos do ofício, que se tornam lembranças traumatizantes. Hugo Carvana diz a seguinte frase, num episódio escrito por mim do *Plantão de Polícia*, da Rede Globo: "Quando olho para trás, vejo uma fileira de cadáveres". Era sempre chocante ver uma pessoa morta, encontrada num lamaçal, numa vala, num terreno baldio ou descampado. Vi algumas, sim. Tinha repórteres, como o Octávio Ribeiro, o Pena Branca, que se ajoelhavam ali do lado, examinavam o cadáver, procuravam alguma coisa nos bolsos. Nunca tive coragem de fazer isso.

Nunca me ajoelhei ao lado de um cadáver, mas tinha que ficar pelo menos suficientemente perto para procurar alguns detalhes. Quais seriam? Marcas de algemas, por exemplo. Não sei se as algemas ainda são assim, mas na época, quanto mais você mexesse os braços, mais elas apertavam e deixavam marcas. Se tivesse uma em cada pulso, você sabia que aquela morte tinha sido obra da polícia. Também queimaduras de cigarro: eram uma marca de tortura. O repórter era um pouco perito. Geralmente as queimaduras de cigarro eram no peito, então era preciso puxar um pouco a camisa para poder ver.

Nunca deixei de me chocar. Eu não usava a palavra *presunto*. Aquilo não era um presunto, mas uma pessoa morta, caracas! Até hoje não me acostumei com isso. Uma coisa era ver alguém que morreu na cama, está lá no velório, cercado de velas acesas, com as mãos cruzadas. Outra é ver uma pessoa abandonada, sozinha, cheia de buracos de bala e uma nuvem de moscas voejando em torno dela no meio do mato. O que mais me chocou nas vezes em que vi uma cena dessas foi a absoluta solidão de cada morto. Sempre achei que nós, repórteres, devíamos andar com velas nos bolsos para acender pelas almas daqueles mortos solitários... Mas, que nos desculpem todos eles, nenhum de nós nunca se lembrou de fazer isso.

Crimes célebres, ou uma pré-Angelina Jolie em pleno subúrbio carioca

Sempre que penso em Vanderlei Gonçalves Quintão, a primeira coisa de que me lembro é seu cheiro. E já se vão quarenta anos. Não do cheiro corporal, mas do perfume exagerado que ele usava no dia em que fui entrevistá-lo no quartel-general da Polícia Militar do Rio de Janeiro nos idos de 1970. Vanderlei era o principal suspeito do caso Lou e estava preso — com direito a prisão especial por ter curso superior — enquanto aguardava julgamento pelos homicídios de Vantuil de Matos Lima e Almir da Silva Rodrigues, mortos a tiros num intervalo de catorze dias na praia da Reserva, no Rio.

A Lou que dava nome ao caso — alguns jornalistas preferiam chamar a história de "Van-Lou" — era Maria de Lourdes Leite de Oliveira, noiva de Vanderlei e ex-namorada dos dois mortos. Segundo a crônica policial da época, ela seria a causa do assassinato dos dois, já que Vanderlei os executara por ciúmes, ou, mais vagamente ainda, para "limpar" o passado da moça.

A história, que ocupou o espaço nobre do noticiário policial durante meses, com o passar do tempo tornou-se um verdadeiro emaranhado de causas e consequências em geral triviais e carentes de fundamento, no qual a tese sustentada pela mídia — os assassinatos por ciúmes — nunca ficou realmente comprovada, mas levou à condenação dos dois supostos criminosos pela Justiça: Maria de Lourdes a vinte anos e Vanderlei a quinze anos de prisão.

Vanderlei era engenheiro cartográfico. Quando fui entrevistá-lo, o caso ainda não tinha ido a julgamento, mas os dois já não eram os fiéis apaixonados do começo da história. A moça, orientada por seus advogados, acusava o rapaz de tê-la obrigado a atrair os dois ex-namorados para a morte enquanto ele, também orientado pela advogada — com quem diziam já estar de romance —, retrucava que Lou, ao acusá-lo, estava na verdade tentando proteger o pai, um coronel do Exército que usara e depois descartara Vantuil e Almir em supostas operações de contrabando.

O caso Lou tinha todas as características que, reunidas, tornam um crime célebre. A primeira delas era a existência na história de uma mulher "fatal, cínica, dissimulada", além de tudo bonita. Maria de Lourdes, com seus lábios pré-Angelina Jolie e o jeito de Mona Lisa distraída, manteve até o amargo fim seu ar de esfinge. Nunca o menor sinal de emoção foi registrado em seu rosto, e ela não se mostrou abalada nem mesmo quando o juiz declarou a sentença que a manteve durante um longo período no presídio.

Mas isso foi muito tempo depois do meu encontro com o "coitado do Vanderlei", como o chamavam os inimigos ferrenhos da enigmática Maria de Lourdes. Nesse dia, eu praticamente madruguei no quartel da PM, pois a entrevista fora marcada para bem cedo. Tive que esperar muito até que aparecesse diante de mim Vanderlei, o engenheiro com pinta de galã de novela mexicana, cuja passagem pelos corredores do foro fazia as mulheres suspirar.

Antes dele me chegou o seu perfume. Nunca consegui entender por que, preso e "cada dia mais encalacrado", como gostava de dizer o repórter César Pinheiro, que assumira o caso na redação de O Globo, Vanderlei precisou se perfumar e mais ainda: usar bermuda, camisa e tênis brancos visivelmente novos para dar a entrevista. Talvez tenha se produzido assim a conselho de sua advogada e suposta namorada, na tentativa de me impressionar positivamente.

Aconteceu justamente o contrário. Não por causa do perfume ou das roupas, mas porque o homem cujo carisma, ainda segundo César Pinheiro em suas reportagens inflamadas, levara Lou à loucura mostrou-se de uma falta de graça total; um verdadeiro *poste*, incapaz de dizer meia dúzia de frases que não contivessem um tanto de platitudes. Durante uma hora e meia tentei, inutilmente, arrancar alguma declaração dele que valesse a pena. Além do muitas vezes repetido "eu sou inocente", nada de importante me foi dito. À pergunta crucial — "você ainda gosta da Lu?" —, a resposta foi um baixar de olhos, um leve estremecer de pestanas e um prolongado silêncio.

Sem nada que me levasse a compor uma entrevista, resolvi fazer a matéria exatamente sobre isto: Vanderlei não me disse nada... e, ao não me dizer nada, de certa forma me disse tudo. Falei do homem bem produzido e muito perfumado que apareceu à minha frente; da sua incapacidade de pronunciar alguma frase que valesse a pena, nem que fosse para se defender da acusação gravíssima que lhe faziam — o assassinato de dois homens; e, principalmente, de sua aparente, ou talvez estudada, ausência de emoções.

O perfil que fiz desse Vanderlei anódino, publicado numa das revistas mensais da época, foi muito comentado. Mas não vi nenhuma vantagem nisso, pois tudo o que se publicava a respeito de Van e Lou repercutia e era exaustivamente reproduzido.

Quando o cadáver de Vantuil de Matos Lima foi encontrado com um tiro no peito no dia 20 de novembro de 1974, na praia da Reserva, na Barra da Tijuca, a notícia mereceu nos jornais pouco mais do que uma nota. Mas catorze dias depois o corpo de Almir da Silva Rodrigues foi achado praticamente no mesmo local e também com um tiro no peito; César Pinheiro, o repórter que fora lá nas duas ocasiões, se ajoelhara junto aos dois cadáveres, os examinara com a extrema-unção de sempre e não pensou duas vezes antes de relacionar ambas as mortes.

O problema é que, como ficou constatado, os dois mortos nunca tinham se cruzado. Por que teriam sido mortos do mesmo modo, no mesmo local, num intervalo de apenas catorze dias? Que relação haveria entre os crimes? Coube ao repórter de O Globo — e a outros jornalistas que aceitaram sua tese — descobri- -la: Vantuil e Almir tinham namorado em ocasiões diferentes a mesma moça, Maria de Lourdes Leite de Oliveira.

Naquela época, uma das características dos "crimes célebres" — aqueles que rendiam meses de noticiário, discussões apaixonadas e nunca eram satisfatoriamente esclarecidos — era justamente esta: unir a então discriminada comunidade formada pelos jornalistas policiais. Nas redações eles eram vistos como seres exóticos, figuras saídas de algum subterrâneo habitado por tipos de Dostoiévski, que não conseguiam esconder a própria atração fatal pela miséria humana. Quando um desses casos, como foi também o do sequestro de Carlinhos, reunia esse grupo durante meses num mesmo local — nesse último caso o portão da casa, na rua Alice, de onde o menino fora levado —, percebia-se o quanto essa comunidade, em geral formada por rivais, podia se tornar solidária.

Mas antes de chegar a Carlinhos, voltemos ao caso Van-Lou, cuja relevância nas páginas policiais durou meses e me rendeu alguns traumas. Na qualidade de copidesque e editor não nomeado de assuntos policiais em *O Globo*, era eu quem, todos os dias, dava um mínimo de coerência às apaixonadas matérias de César Pinheiro e seus auxiliares sobre o assunto. Quanto mais o fazia, mais me convencia de que a tese dos "assassinatos por ciúmes" não se mantinha de pé. Havia alguma coisa muito mais torpe e sinistra por trás daquilo tudo.

Mas o quê?

O silêncio teimoso de Lou, a arrogância de Vanderlei, bem como sua incapacidade de se defender de modo mais enfático, não permitiam que outra tese, pelo menos sustentável, surgisse sobre o caso. A essa altura o próprio César Pinheiro já duvidava do monstro que criara. Mas a acusação velada de que ele se tornara obcecado — ou fascinado — por Lou o tornava desacreditado. Foi então que, a convite do jornal, entrou na história um personagem decisivo: Bechara Jalkh, o mais famoso detetive particular do Rio.

Contratado pelo *Globo*, Bechara recebeu a árdua missão de juntar todas as pontas do complicado caso, de forma a encerrá-lo de modo irrefutável de acordo com a primeira versão da história — a dos assassinatos por ciúmes. Depois de semanas de trabalho árduo ele assim o fez.

Pode-se dizer que Bechara Jalkh "oficializou" — ou pelo menos deu dignidade a — a profissão de detetive particular no Brasil. No luxuoso escritório no qual atendia clientes em geral importantes — e resolvia seus casos —, ele tinha toda uma parafernália de maquinetas e engenhocas reunindo o que havia de mais necessário e moderno ao trabalho de investigação. Já naquela época, à maneira dos 007 cinematográficos, ele ostentava uma caneta-tinteiro que na verdade era um gravador e um botão de lapela que fazia as vezes de câmera. Muito devotado, passava total segurança aos seus clientes. Fazia não apenas trabalho de campo, mas tinha também um curso por correspondência que, na época, formou muitos detetives até hoje atuantes em várias partes do país.

O escritório de Bechara Jalkh ficava no centro do Rio. Hoje é na Barra da Tijuca, já que ele, aos oitenta anos, continua atuante. Na última vez em que estive lá, queria que ele descobrisse uma pessoa que andava me fazendo ameaças, via um celular de ID privado. Depois de algumas consultas rápidas ele me disse que a pessoa ligava de um telefone pré-pago, era impossível identificá-lo. Pararam de telefonar, e desde então não estive mais com Bechara... Mas caso precise não hesitarei em lhe pedir outra vez aconselhamento e ajuda.

Como ainda hoje, Bechara Jalkh se vestia impecavelmente — era um verdadeiro dândi. Super bem-educado e muito falante, era capaz de conversar durante horas, e a conversa era sempre interessante. Quando falava dos casos que resolvera, jamais citava nomes. Não aceitava casos de adultério, que achava pouco nobres. Nos anos 1980, se especializou num ramo cada vez mais forte da investigação privada — o da espionagem industrial. Mas, embora eu o admirasse, e admiro até hoje, em relação ao caso Lou tivemos um problema.

Bechara Jalkh encerrou suas investigações sobre o caso Lou numa sexta-feira. A ideia era que suas conclusões fossem publicadas no *Globo* numa longa entrevista na edição de domingo. A essa altura, César Pinheiro, mesmo considerado comprometido por conta de sua suposta obsessão por Maria de Lourdes, ainda atuava no caso. Caberia a ele, portanto, entrevistar Bechara e escrever a matéria sobre as suas conclusões em relação aos assassinatos. Mas na sexta à noite Evandro Carlos de Andrade, o diretor de jornalismo, decidiu que eu é que devia fazer a entrevista no dia seguinte, um sábado.

Cumpri as ordens do chefe. Fui ao escritório de Bechara e fiz a entrevista, à base de perguntas e respostas, e ele me disse a que conclusões chegara depois de investigar o caso. Sua versão fazia todo o sentido, exceto (para mim) por um detalhe — a participação de Maria de Lourdes Leite de Oliveira no caso era diminuída, ela emergia da história numa nova condição, a de vítima.

A "versão oficial" do caso Lou, escrita por mim depois de entrevistar Bechara, foi publicada no domingo pelo *Globo* (o relato, que praticamente isentava Lou, não foi levado em conta pela Justiça, já que ela acabou condenada). Na tal entrevista que fiz com Vanderlei, falei sobre essa versão. E numa das poucas vezes em que conseguiu ser menos anódino, ele negou tudo, insistiu que nunca matou ninguém nem convenceu Lou a atrair os namorados para a morte, e arrematou: "Toda aquela história que o jornal publicou não passava de uma farsa".

Ao ver que o caso ao qual se dedicara com tanta ênfase fora esclarecido sem sua participação, César Pinheiro ficou arrasado. Era um homem enorme, pesava cento e tantos quilos. Foi um dos raros repórteres de polícia que vi dominar o português escrito com certa maestria — e um dos poucos cujas matérias eu não reescrevia. Mas o caso Lou o marcou de modo muito forte. Pelo menos enquanto trabalhei com ele, César nunca mais foi o mesmo. Acho que, tão fiel ao que fazia e ao jornal no qual trabalhava, ele passou a se sentir desestimulado.

A essa altura, a "revolução" feita por Evandro Carlos de Andrade no tratamento da reportagem policial criara grandes estrelas na editoria. César Pinheiro era uma delas, mas havia outras, que contribuíam para que, todos os dias, o jornal desse um banho nos concorrentes. Vargas Neto, Luiz Carlos Sarmento, Victor

Combo, Aroldo Machado, Dílson Behrends, Tim Lopes — um garoto gordinho, que apareceu lá como estagiário e logo se tornou indispensável... Sem falar em Albeniza Garcia, a primeira mulher a trabalhar numa editoria de Polícia e que até pouco tempo atrás continuava na ativa.

Sobre Luiz Carlos Sarmento, contava-se uma história lendária em *O Globo*. Num dia de falta de notícias, ele chegou na redação dizendo que um gavião fizera ninho no relógio da torre da Mesbla no Passeio Público — já que todo dia, ao regressar dos seus voos, pousava ali —, e escreveu matéria sobre o assunto. O editor do jornal ilustrou o texto com a foto (de arquivo) de um gavião voando. A notícia atraiu o interesse dos leitores, e Sarmento passou a alimentá-la com suítes diárias. As pessoas passaram a se reunir diante do relógio da Mesbla na esperança de ver o tal gavião chegando ou saindo. Como isso nunca aconteceu — diz a lenda —, Sarmento providenciou que certa manhã fosse colocado lá no alto da torre um gavião empalhado, que foi devidamente fotografado, e o assunto discretamente saiu de foco.

A história do gavião, embora eu não possa garantir, talvez tenha sido apenas uma piada, já que essa turma levava a reportagem policial muito a sério. Eram pessoas acostumadas a se deparar com o que havia de pior, por isso tinham uma visão meio cínica do mundo. Se você ficava um instante perto deles, logo ouvia dez histórias, uma mais terrível que a outra.

Lembro quando íamos comer sanduíche de pernil no boteco do português na rua de Santana (próximo à Irineu Marinho, onde ficava a redação do *Globo*). Em pouco tempo juntava uma turma enorme para ouvi-los contar as ocorrências e os fatos daquele mundo fascinante. Tinham um contato tão permanente com a morte que para eles ela perdia o significado. Faziam piadas com os cadáveres. Não conheci nenhum com angústias existenciais por conta do trabalho que faziam. Também não soube de nenhum apaixonado pelas advogadas e juízas que atuavam nos casos que cobriam... Mas vi muitos que se apaixonaram pelas criminosas.

Se *O Globo* tinha uma equipe afiadíssima de repórteres policiais, que ganhara certo status com a chegada de Evandro Carlos de Andrade, o *Jornal do Brasil* ainda insistia em considerar os casos de polícia assunto "menor". Mas não chegava ao extremo de ignorar um crime célebre. No caso Lou, também abriu sua primeira página para ele. O mesmo aconteceu com a imprensa alternativa, na qual o *Opinião* pontificava. Três dias depois que *O Globo* publicou a "versão oficial" do caso, Raimundo Rodrigues Pereira, o editor de *Opinião*, pediu que eu desse minha própria versão da história.

Dessa vez a matéria não tinha que ser entregue "ontem", eu podia fazê-la sem pressa. Com mais tempo para trabalhar, fui às fontes. Antes ouvi o próprio César Pinheiro, e ele, ainda traumatizado, não hesitou em dizer que discordava das conclusões de Bechara. Fui então procurar a família de Lou. Achei que para eles não haveria problema em falar, já que a moça, na "versão oficial" do caso, fora beneficiada. Mas o pai dela não falava com ninguém — acho que nem mesmo com Deus, se este descesse do paraíso para entrevistá-lo. Tentei contato várias vezes, nunca obtive resposta. Lou vivia trancada em casa. Dei plantão lá uns tempos, um dia vi quando ela saía de carro, corri e tentei abordá-la, mas ela fechou os vidros, pisou fundo no acelerador e saiu em disparada.

Falar com os vizinhos de prédio? Nem pensar. Todos morriam de medo do coronelão do Exército, pai da moça. No máximo, desde que não citasse seus nomes, eles opinavam sobre Lou, e nesse caso não havia meio-termo — era santa ou puta.

(Um detalhe que sempre dificultava meu trabalho de campo: embora eu fosse funcionário do *Globo*, estava fazendo freelance para outro jornal. E, quando me apresentava como repórter do *Opinião*, bem... O *Opinião* era um jornal alternativo, sua tiragem era pequena, seus leitores eram basicamente pessoas que se interessavam pelo ativismo político, e muitas vezes, ao citá-lo em minhas tentativas de conseguir informações sobre algum caso, ouvia como resposta: "*Opinião?* Nunca ouvi falar". E assim o assunto estava encerrado.)

Na minha tentativa de conseguir informações sobre Lou no lugar onde ela morava, minha fonte principal acabou sendo o porteiro do prédio. Depois de bater várias vezes a porta na minha cara, um dia confirmou que, sim, reconhecera Almir e Vantuil nas fotos dos jornais — muitas vezes os vira quando iam buscar Lou de carro, no tempo em que a namoravam. A partir dessa informação, tornou-se um falador compulsivo, mas que não conseguia esconder o pavor que sentia do pai dela — justamente o síndico do prédio. Ele me disse também que Maria de Lourdes era namoradeira, mimada pelo pai, que tentava a todo custo protegê-la do mundo (tentativa que se revelou inútil), e essa história de que estaria noiva de Vanderlei e quase de casamento marcado com ele era tudo balela.

O resultado de todo esse esforço foi a matéria que saiu no *Opinião*, e é aqui reproduzida ("Uma tragédia americana"), na qual fica evidente que não acreditei na "versão oficial" de *O Globo*. Isso causou certo estresse entre Evandro e eu, que já comentei antes.

Já falei que Lou era bonitona, agora deixem-me dizer como Vanderlei me pareceu: não era muito alto. Tinha rosto quadrado de maçãs salientes, olhos verdes, um cabelo preto que lhe caía sobre a testa... de fato, um galã de telenovelas. Nas poucas vezes em que vi os dois juntos, pensei que, se tivessem se casado, sem dúvida teriam tido belos filhos. Isso foi no final dos anos 1970, quando éramos todos jovens e nos achávamos à prova de velhice. Agora, em 2016, em busca de imagens dos dois, fui onde tudo se encontra, até nossos segredos mais nefandos: na internet. Lá encontrei uma única foto de Maria de Lourdes, agora uma senhora com visíveis problemas num dos olhos, mas ainda com aquelas maçãs do rosto salientes e lábios carnudos de sua imagem original. Já de Vanderlei não encontrei o menor vestígio — nem mesmo pude saber se ainda está vivo.

De todos os casos com os quais me envolvi, aquele que melhor revelou esse aspecto de comunidade formada pelos profissionais da imprensa dita policial foi, sem dúvida, o chamado caso Carlinhos. Recordemos a partir do início do texto sobre o caso, cuja versão completa vocês lerão mais adiante ("Um circo chamado sequestro"):

Há 35 dias um garoto de nove anos foi arrancado de sua casa, à rua Alice, 1606, Rio, por um suposto sequestrador. Tudo aconteceu diante dos olhos atônitos de sua mãe e de alguns dos seus irmãos, e este primeiro lance do já denominado "sequestro de Carlinhos" teve os detalhes clássicos: o sequestrador, de lenço ao rosto, ameaçou a família com uma arma depois de apagar a chave geral da luz, e pediu à mãe que lhe entregasse o filho menor (havia outros, menores, que não estavam em casa). Os dois cães que guardavam a residência não se manifestaram durante toda a ação, e o sequestrador pôde sair tranquilamente.

À saída, houve o primeiro detalhe antiacadêmico do sequestro: o pai do menino, não esperado, chegou repentinamente, com um amigo, a tempo de ver o suposto sequestrador embrenhar-se num matagal (o menino, enquanto isso, teria sido levado num carro por outro homem). Meia hora depois, polícia e imprensa, convocados, chegariam na casa onde d. Conceição, a mãe do garoto sequestrado, assistia tranquilamente à novela das dez, e o pai demonstrava um desespero que alguém imediatamente classificou de "contido demais".

Detalhe: o até hoje suposto sequestro — "suposto" porque sua veracidade nunca ficou comprovada — aconteceu às 20h35 da noite chuvosa de 2 de agosto de 1973. Pouco antes, a energia elétrica da casa tinha sido misteriosamente cortada, mas voltou minutos depois que o sequestrador sumiu com o menino. Uma hora e meia depois, o primeiro repórter a chegar no local, Gilson Rebello, de O Globo, detectou — e registrou em sua primeira matéria — a calmaria reinante. A mãe do garoto via a novela, o pai mal choramingava, e os filhos deles — os seis restantes — se espalhavam sem maiores reações pelos cômodos da casa.

A essa altura, além de Gilson Rebello já estavam lá repórteres de todos os jornais e emissoras de televisão, e horas depois o circo, que lá permaneceria nos próximos dois meses, já estava armado. A rua Alice, que ficava providencialmente próxima da minha casa — era por ela que eu seguia nas madrugadas em que saía de Santa Teresa para entregar minhas matérias no jornal Opinião, lá no Jardim Botânico —, virou point de repórteres, fotógrafos e cinegrafistas, que lá se revezavam na esperança, todo dia renovada por um novo boato, de que o menino a qualquer momento voltaria para casa. A cada carro que se aproximava ficavam todos alertas. Se um dos passageiros fosse uma criança e alguém percebesse isso ainda de longe, havia uma correria generalizada. Mas se o carro parava, era apenas por curiosidade — todo mundo já sabia do que tinha acontecido naquela casa... E a criança dentro dele nunca era a que todos esperavam.

Foram muitas as noites em que saí do *Globo* às onze da noite e segui direto para o número 1606 da rua Alice, diante do qual a comunidade dos repórteres policiais acampara. Era o plantão sem fim, que acabou por congregar não só os jornalistas de serviço como os personagens da história. Entre um boato e outro desencontrado, a mãe do menino servia café e bolo para os acampados, os filhos restantes entravam e saíam da casa sem que ninguém os controlasse, o marido só vinha de vez em quando porque, na verdade, já não morava mais ali... E os vizinhos vinham relatar suas impressões e suspeitas na esperança de também se tornarem, ainda que por breves instantes, personagens da história.

Tinha uma vizinha — a tal que disse ter visto quando o sequestrador, junto com o menino, entrou no mato — que era fonte de fofocas permanente. Todo dia vinha contar alguma novidade sobre a família. Sempre que d. Conceição não estava à vista ela se aproximava. Foi ela quem espalhou que Carlinhos não era filho do pai, o que, numa época pré-exame de DNA, não podia ser provado. Por falta de novidades, mesmo sabendo que era uma fonte descartável, todo mundo a ouvia e, em alguns jornais, o que ela dizia até virava novidade.

Outros vizinhos também vinham e, embora mais discretos, não resistiam diante de tantos jornalistas e acabavam por dar suas próprias versões da história. Mas a tal vizinha fofoqueira era diferente: ela trazia *fatos*.

Obrigados a ficar ali à espera de uma novidade que nunca chegava, os jornalistas concentravam suas baterias na figura do pai, o principal suspeito de ser o mandante do sequestro e sobre o qual foram levantadas várias histórias. Ele tinha uma pequena indústria, mas estava falido, devia uma fortuna aos bancos, tinha uma amante que lhe custava muito caro... Os boatos ganharam ainda mais força quando ele anunciou que ia pedir doações para levantar o dinheiro do resgate.

A mim, João Mello da Costa nunca impressionou: parecia um pobre-diabo. De todos os envolvidos na história, era d. Conceição, a mãe do menino supostamente sequestrado, a figura que mais me interessava. A essa altura posso até dizer que fiquei fascinado com o modo como ela se comportava. Calma, conformada, quase catatônica, ficava a repetir o seu mantra — "eu sei que meu filho vai aparecer" —, mas sem mostrar o menor sinal de desespero e sem se preocupar com os outros filhos que entravam e saíam livremente sem que ela lhes perguntasse para onde iam ou a que horas voltavam.

Foram semanas e semanas. Eu ficava lá não só porque o *Opinião* me pedia matérias sobre o assunto, mas porque aquilo me fascinava. Como ninguém tinha o que fazer, ficávamos falando das redações onde não estávamos. Todo mundo acabava contando histórias, casos... Sempre surgia uma novidade que não tinha nada a ver com o caso.

Embora fizesse matérias policiais, para aqueles repórteres eu era "um cara da redação", e como tal era tratado. O longo plantão diante da casa de Carlinhos foi minha oportunidade de conviver com eles em pleno trabalho. Descobri que, embora não parecessem, eram cidadãos comuns, casados, com filhos, cheios de problemas como todo mundo. Mas tudo isso eles deixavam para trás ao sair de casa. No trabalho eram pessoas frias, que já tinham visto de tudo. Diante da casa de Carlinhos, durante aquelas semanas, houve uma espécie de *convenção* à qual não faltou nenhuma grande figura da imprensa especializada — desde as estrelas de *O Globo* até os mais humildes, dos "jornais de vinte centavos" — *O Dia, A Notícia, Luta Democrática*...

O interessante é que, na cobertura do caso, ninguém ia à polícia. Tudo aconteceu ali, e havia a certeza de que o que ainda pudesse acontecer seria lá. Sem repórteres que os entrevistassem, os policiais encarregados do caso acabaram aderindo ao circo, ou seja: passaram a dar plantão diante do número 1606 da rua Alice. Às vezes chegavam até policiais que nem estavam no caso. Cada repórter tinha sua meia dúzia de policiais *amigos*. Em geral eram aqueles que adoravam aparecer. Eles cultivavam amizade com os jornalistas, que os promoviam em troca de informação. No caso Carlinhos esse esquema não funcionou porque nunca houve novidades nem informações.

Por isso os meses se passaram, o número de jornalistas de plantão diante da casa foi diminuindo, o circo aos poucos acabou por ser desarmado, até que só algum curioso aparecia por lá de vez em quando. Aos que a viam e a interrogavam, d. Conceição não fazia outra coisa senão recitar o seu mantra: "Eu sei que meu filho vai aparecer".

Mas Carlinhos nunca apareceu. Quer dizer: apareceram vários, mas nenhum conseguiu provar que era o menino. Quarenta e dois anos se passaram, o casal se separou de vez, os outros filhos cresceram, a casa 1606 da rua Alice, sem os moradores que lá viveram esse drama, tornou-se uma ruína, d. Conceição hoje mora numa quitinete no bairro da Glória com uma das filhas... Mas os "Carlinhos", que hoje teria 53 anos se estivesse vivo, continuam a surgir dizendo que são seus filhos. O último, um órfão, insiste nisso apesar do exame de DNA, e continua a tratá-la como mãe:

"Eu sei que ele não é, mas deixo", disse ela no último comentário que fez a respeito.

Se ela acha que Carlinhos está vivo? Não, finalmente ela deixou de acreditar nisso, depois que, "num lugar público, uma mulher se aproximou dela e falou: 'Descanse seu coração. Seu filho morreu, acabou, esqueça isso'". Foi aí que ela finalmente perdeu a fé. Embora novos Carlinhos continuem a aparecer e d. Conceição os aceite e entenda, ela afinal mudou seu mantra, e o que ela diz agora é que seu filho "nunca vai aparecer".

O caso Lou, o caso Carlinhos, o crime do Sacopã — sobre o qual também escrevi quando o suposto matador, o icônico tenente Bandeira, finalmente cumpriu sua pena e deixou o presídio ("O crime do Sacopã") —, os crimes célebres de ontem eram bem diferentes dos de hoje, como o caso Richthofen, o caso Nardoni, para citar só alguns. Eles tinham uma característica essencial que faltava nestes: o mistério do *quem fez, quem matou*, que funciona não só na vida real, mas também na ficção, e dá audiência às telenovelas. Mas, talvez, na cobertura desses casos, também falte um elemento essencial à imprensa policial daquela época: a paixão com que aqueles jornalistas se entregavam à tarefa de tentar entender e deslindar cada caso.

Homens de Ouro, de Aço, de Ferro... quando eles eram reis

Eles eram deuses. Ou pelo menos, promovidos como tal por uma assessoria de imprensa fiel e comprometida, eram assim considerados. Embora tenham pairado por algum tempo acima dos vãos mortais num Olimpo erigido pelos seus fiéis escudeiros, a verdade é que tinham os pés de barro. Em vez de milagres cometeram excessos. Mataram, roubaram, extorquiram... Como se dizia na linguagem da época e hoje se diz menos: prevaricaram. E o fizeram de modo tão evidente que se tornaram incômodos. Assim, logo viraram anjos caídos, cujos crimes os levaram à cadeia, às barras da Justiça e até à prisão, onde encontraram muitos dos que haviam detido.

Na década de 1970 eles foram reunidos por seus chefes em grupos que tinham nomes pomposos: eram os Homens de Ouro, ou os mais modestos Homens de Aço. Nos textos que escrevi sobre eles acrescentei adjetivos a esses nomes: para mim, eram os Pobres Homens de Ouro ou os Tristes Homens de Aço. Eram da chamada elite da polícia. Ao contrário dos policiais comuns — os canas realmente duros, os que iam para as ruas e mostravam serviço —, eles tinham privilégios com os quais os outros não podiam nem sonhar. Formaram, com alguns poucos colegas de profissão, o temível Esquadrão da Morte. Tinham direito a tratamento especial por todos os lugares pelos quais transitavam. Comida e bebida farta. Alguns conseguiam ser até estrelas da mídia. O detetive-inspetor Nélson Duarte, por exemplo, tinha um quadro semanal no *Programa Flávio Cavalcanti*, na época de grande audiência, no qual exibia suas qualidades de "inimigo número 1 dos traficantes e viciados"... até ser denunciado e processado por extorquir com demasiada frequência tanto uns quanto os outros.

Mais que policiais, eram "figuras". Mariel Mariscot, o bonitão da turma, usava seus dotes físicos para conquistar as mulheres da hora, ou mesmo as nem tão mulheres, como aconteceu com o travesti Rogéria, com quem chegou a assumir uma espécie de namoro. Este não foi só objeto da minha curiosidade de jornalista e dos meus textos. Eu o conheci mais de perto, já que frequentávamos a mesma porta de teatro, a do Rival, onde o show de Rogéria e seus amigos era o sucesso do momento.

Nunca entrevistei Mariel Mariscot. Mas, como frequentava os mesmos ambientes noturnos que ele — e porque sua figura, seu jeito de anjo caído, me fascinava —, foi aquele a quem tive mais acesso. Eu sempre via Rogéria sair do Rival e ser festejada pelo seu público quando Mariel chegava. Até então ele nunca se dirigira a mim, mas sabia que eu era jornalista e, segundo me disse Amado Ribeiro, tinha conhecimento de tudo que eu escrevia a respeito dele.

É impossível não relacionar a ascensão daqueles policiais ditos de "elite" com os horrores da ditadura. Eles não teriam existido sem o verdadeiro criadouro de perversões que foi o regime. A ditadura caiu de podre, mas os costumes que ela implantou na polícia por meio daqueles homens, esses de um modo ou outro ficaram. Todas as tentativas de modernizar o aparelho policial, transformá-lo num braço real da comunidade — e, de todas, as UPPs foram as mais louváveis —, esbarraram nesse fato incontornável. Sim, a ditadura se foi, mas boa parte da nossa polícia continua a adotar os métodos que prevaleceram naqueles anos de chumbo.

O exibicionismo era uma característica dos grupos de extermínio em que se subdividiu a chamada elite da polícia carioca nos anos da ditadura. No caso do Esquadrão da Morte, por exemplo, uma de suas marcas era a "assinatura dos cadáveres": presa aos corpos, a folha de papel com o desenho de uma caveira sobre as tíbias cruzadas acima da inscrição: "E. M.". A marca era deles, mas com o passar do tempo também foi usada por outros que preferiam atribuir ao esquadrão suas vítimas.

Esse exibicionismo, além dos excessos cometidos por eles com uma frequência cada vez maior e menos cuidadosa, é que os perdeu, e não a ânsia de justiça dos seus pares da polícia. Para os outros policiais, o Esquadrão da Morte existia e pronto. Mas o exibicionismo... Eram todos muito vaidosos. E Mariel Mariscot — que depois mudou o nome, não se sabe por quê, para Mariel Moriscotte — era o mais vaidoso de todos. Homem muito bonito para os padrões da época, "pegava todas", no jargão dos seus companheiros. E isso significava mulheres e travestis — desde que fossem famosos. Sua relação com Rogéria tornou-se ainda mais notória depois que ela estrelou outro musical no Night and Day, a boate do antigo Teatro Serrador, frequentada pela elite carioca.

Aí vocês perguntarão: *Um sujeito moralista namorava uma transexual?* Rogéria nem era transexual, se identificava como um homem mesmo. Mariel se mostrava com ela porque ela era uma estrela. Para ele, namorá-la lhe dava status. E ele estava muito acima do bem e do mal. Até onde ia essa relação além do que se via em público — os dois a trocar carícias e de mãos dadas? Ninguém sabe. Nas muitas vezes em que a entrevistei, sempre que perguntei sobre isso Rogéria repetiu o habitual "Cala-te, boca", e nunca me disse nada.

Eu estava lá, parado à porta do Teatro Rival no meio de outros curiosos esperando Rogéria, a estrela do show, sair e dar uma canja ali fora. Mariel Mariscot, então seu namorado, já tinha entrado pela porta dos fundos do teatro, mas não demorou muito e saiu de lá furioso. Por alguma razão tinha brigado com Rogéria, que, temperamental como toda estrela, se recusou a fazer o número habitual de sair do teatro de mãos dadas com o namorado. Mariel ficou parado ali um instante, até que se virou para mim e, sem maiores papos, perguntou: "Você mora onde?". Pensei com meus botões: "Pronto, é agora". Não hesitei e respondi: "Em Santa Teresa". Ele arrematou, já saindo em direção ao carro: "Eu te dou uma carona".

O bairro de Santa Teresa faz fronteira com o morro do Sumaré, onde ficam as antenas de rádios e TVs no Rio. Naquela época, também era usado pelos matadores da polícia como local de desova. No carro de Mariel, sem trocar uma palavra, fomos da Cinelândia até a porta do meu prédio. Eu disse: "É aqui que moro". Porém ele não parou e seguiu adiante. Foi aí que comecei a entrar em pânico... Mas não dei bandeira. Logo depois do Corpo de Bombeiros, aconteceu a cena que nunca esquecerei. Um bicho-preguiça saiu de dentro do mato e, ignorando o carro de Mariel que se aproximava, começou a atravessar a pista no que parecia uma caminhada interminável. Achei que o motorista, cruel como diziam que era, não ia pensar duas vezes antes de atropelar o coitado do animal... Mas ele fez o contrário. Freou o carro e ficou ali parado a olhar enquanto o bicho, com a falta de pressa própria de sua natureza, seguia sua trajetória.

"Sou uma pessoa muito sensível", Mariel disse, enquanto observava o bicho seguir seu caminho, sem dar o menor sinal de impaciência. Só depois que a preguiça sumiu dentro do mato do outro lado ele engatou a primeira no carro e fomos embora.

Foi o passeio mais estranho de toda a minha vida. Eu achava que ia morrer ou, pelo menos, levar umas porradas. Por que aceitara a carona que ele me oferecera? A razão era bem simples: por causa daquela famosa curiosidade pela qual alguns gatos morrem. Só fomos parar de novo nas Paineiras, onde o hotel de mesmo nome ainda funcionava. Mariel desceu do carro e foi se debruçar sobre a amurada. Eu o acompanhei e fiquei ao seu lado enquanto ele olhava a paisagem noturna com destaque para a Lagoa e o jóquei lá embaixo. Ficamos ali parados durante cerca de meia hora. Sempre que o olhava de esguelha, tinha a impressão — mas não posso dizer isso com certeza — de que ele chorava. Até que se virou e disse: "Vou te deixar em casa". E assim o fez. Sem dizer nem mais uma palavra, depois que desci do carro, na porta do meu prédio, ele foi embora.

Naquela noite, tudo podia ter acontecido — inclusive Mariel passar um fio de náilon em torno do meu pescoço e me estrangular, como diziam que ele gostava de fazer com suas vítimas. Mas, a não ser pela confissão inesperada que fez diante do bicho-preguiça — "sou uma pessoa muito sensível" —, não aconteceu mais nada.

Nunca tive fontes na polícia. Para um repórter, naquela época, a única maneira de conseguir isso era se transformando numa espécie de servidor dos policiais mais notórios ou dando colher de chá para eles em suas matérias. Esse não era o meu gênero de jornalismo, e os jornais alternativos para os quais trabalhei como freelancer queriam que eu fizesse justamente o contrário e fosse inclemente com o que hoje chamaríamos de "maus feitos".

Chegar como jornalista perto dessas figuras não era difícil. Mas era quase impossível conseguir que falassem alguma coisa que fosse além das trivialidades. Com Nélson Duarte estive algumas vezes, uma delas na famigerada 5ª DP, onde ele tinha ido dar uma olhada em alguns inquéritos. Foi na época em que a história da comenda que ele tinha recebido e pela qual pagou era o assunto do dia nas páginas de Polícia. Eu o interroguei sobre isso, ele disse que apenas fizera uma doação à tal instituição que lhe dera a comenda, pois "tinha muito respeito pelos que a comandavam". À segunda pergunta ele respondeu que "não podia me dar atenção, porque estava muito ocupado em prender traficantes e viciados", e tratou de se afastar com dois policiais de sua turma que vieram em seu socorro.

O tempo — e uma pilha de inquéritos e processos que não parou de crescer — mostrou que não havia um padrão nos homicídios praticados por esses homens, que tinham sido escolhidos para servir de exemplo aos policiais comuns. Na maioria dos casos ficava evidente que eles matavam por matar, talvez só para demonstrar poder, sem se preocupar se suas vítimas mereciam ou não aquele fim trágico.

Comigo aconteceu uma história de final quase infeliz, que merece ser aqui relatada. Eu tinha dado abrigo no meu sobrado da Lapa a um sujeito conhecido como Alemão, um paranaense ex-paraquedista que aprontava muito no bairro — cometia pequenos delitos — e a quem a polícia odiava. Uma vez estávamos em casa, o Alemão dormindo e eu debruçado na varanda do sobrado, quando vi parar embaixo dos Arcos da Lapa um Dodge Dart. "Epa!", disse pra mim mesmo. Aquele era um dos carros que a turma do Esquadrão da Morte usava. Fiquei a observar o carro e vi quando desceram dele dois caras, mais uma terceira pessoa, que reconheci: era Edmundo, um gay que exercia as funções de peniqueiro da Rogéria na época.

Sem que me visse lá no alto, na varanda, Edmundo veio até meu sobrado, parou diante da porta e apontou para o alto. Aí tive certeza de que era encrenca e, claro, o problema não devia ser comigo, e sim com o Alemão. Eu o acordei, subimos para o mirante e, correndo por cima dos telhados, fomos parar no Automóvel Clube, no Passeio Público, de onde descemos pela claraboia. O vigia não entendeu nada, mas me conhecia de me ver passar ali na porta todos os dias e deixou a gente ir embora.

Liguei do primeiro orelhão para o Amado Ribeiro, na redação do *Última Hora*, e contei o que havia acontecido. Ele confirmou minhas suspeitas — era o Esquadrão da Morte, sim. Mandou que eu sumisse com o Alemão. Aí nós fomos para a rodoviária e pegamos o último ônibus para Petrópolis, onde ficamos vários dias. Quando achei que podia voltar, telefonei para o Amado e ele me contou o que acontecera: haviam roubado a metralhadora de um soldado na Glória, mas os militares concluíram que tinha sido um bandido comum. E Edmundo, que era alcaguete da polícia e tinha uma bronca do Alemão, falou para os homens do Esquadrão que podia ter sido ele.

Claro que não foi. O Alemão nunca chegaria a tanto — sua especialidade era atacar bêbados a socos e pontapés e roubar suas carteiras. Mas, se fosse apanhado pela turma do Esquadrão, por mais que alegasse inocência acabaria morto. E se eu estivesse com ele nesse momento, bem... Prefiro não imaginar o que poderia ter acontecido.

Eu disse que não tinha fontes na polícia, mas Amado Ribeiro, que mantinha uma relação muito íntima com esses policiais e era uma espécie de relações-públicas de alguns deles, era alguém a quem eu recorria sempre que precisava confirmar alguma notícia. Até que se descobriu que ele levantou dinheiro para Mariel enquanto este andou foragido. Por conta do alarde que fiz disso, nossa camaradagem acabou; trocamos insultos pelos jornais e viramos inimigos.

Amado e seu lugar-tenente Oscar Cardoso extorquiam pessoas em nome de Mariel? Não era tão simples assim. Esses repórteres tinham com os policiais que eram seus amigos uma relação difícil de entender. Não me parece que tiravam alguma vantagem financeira daquilo, e também não era algo ideológico. Eles tinham afinidades pessoais — o que me parece ainda mais estranho do que se tivessem interesses financeiros.

Quando Mariel estava no exílio, ficou provado pelas cartas que trocavam: o Amado era quem lhe arranjava dinheiro. Digamos que eles, orientados pelo amigo "exilado", sabiam a quem pedir. Muita gente contribuía de bom grado para o bem-estar de Mariel e dos outros policiais de elite, mesmo quando eles não precisavam. Por exemplo alguns banqueiros do jogo do bicho, precavendo-se contra futuras perseguições.

Mas havia outros, em geral pessoas notórias, que, depois de recorrer num caso extremo a esses policiais e obter sucesso, entravam para o rol dos devedores eternos. Vou dar um exemplo, baseado num caso notório cujo nome não citarei. Digamos que sua casa fosse assaltada durante um jantar e sua mulher fosse violentada diante de você e seus convidados. Para quem você apelaria? Para a polícia, que iniciaria um rumoroso inquérito destinado a durar meses, ou a um sujeito desses? Você sabia que com ele tudo seria feito em segredo. Ele iria atrás dos assaltantes e estupradores e os mataria... E assim encerraria o caso. Essas pessoas, muitas de classe média e alta, ficavam devendo o favor a esse policial. E um dia, quando este se visse "na pior", o favor seria devidamente cobrado através dos seus mensageiros.

Daquele passeio noturno com Mariel Mariscot pelas Paineiras consegui sair sem maiores traumas. O mesmo não aconteceu com um xará meu, ladrão de carros, morto por ele. A execução de Aguinaldo Ferreira da Silva por Mariel, fartamente anunciada, me rendeu semanas de gozações dos meus colegas jornalistas. Isso eu tirei de letra. Mais traumatizante para mim foi outra execução praticada por Mariel.

Carlinhos, amante da travesti Eloina, que está na ativa até hoje, roubava carros para Mariel e sua turma. Um dia, não sei por que razão, Mariel o matou ali no Aterro. Quando a notícia da morte de Carlinhos chegou à redação do jornal, falei com um amigo comum, o Franco (que depois virou Danielle), e fomos juntos dar a notícia a Eloina. Ela trabalhava em um salão de cabeleireiro em Copacabana. Quando falamos com ela, numa tarde de sábado... Nunca esqueci essa cena. O salão era todo espelhado. Eloina o quebrou todo, não deixou um espelho inteiro. Foi uma das reações de dor mais violentas que já vi, e a recontei em detalhes no meu romance *República dos assassinos*, em que Eloina é um dos personagens. As mulheres saíram todas correndo. Mariel foi julgado e condenado por esse crime.

De uma coisa tenho certeza, e sei que meus colegas de trabalho mais experientes também: durante esses anos em que fui jornalista especializado em assuntos policiais, a maioria das pessoas executadas pela polícia não era sequer de criminosos ou, quando era, eles não eram os mais perigosos. Estes, mal surgiam e já tratavam de fazer alianças com os policiais. Exemplo notório foi o caso de Lúcio Flávio Villar Lyrio e seu cunhado, Fernando C.O., que durante muitos anos tiveram Mariel como aliado em sua vida de crimes.

Quanto a Amado Ribeiro, por mais que tivéssemos divergências, não posso negar: à maneira dele e à moda antiga, ele foi um grande repórter policial. É inclusive citado nominalmente por Nelson Rodrigues em *Beijo no asfalto*, do qual é um dos personagens. Era um homem baixinho, magro, com os olhos muito vivos... Uma figura fascinante, e fazia par perfeito com Oscar Cardoso, que usava uns óculos de armação grossa e tinha um ar sinistro.

Hoje, quando por alguma razão esse assunto da minha atuação como jornalista policial durante a ditadura vem à baila, a primeira pergunta que me fazem é: "Nunca te aconteceu nada?". Não... A não ser aquela noite em que eu e o Alemão fugimos sobre os telhados da Lapa... Ou as ameaças que Mariel me fez, nos últimos dias de vida, numa entrevista ao *Pasquim*... Mas eu não levei a sério, pois, se você quer matar alguém, não vai anunciar isso numa entrevista. Nunca fui sequer ameaçado. Mesmo quando escrevi sobre o Nélson Duarte, que foi o policial mais melífluo que conheci (ver "O cidadão Nélson Duarte").

Não, nunca fui ameaçado... Mesmo assim, eu tomava cuidado. Andava muito à noite. Na época do *Lampião da Esquina*, eu fechava o jornal de madrugada, na rua do Livramento, na gráfica do *Jornal do Commercio*. Andava com o carro cheio de *past ups*, sempre de olho para saber se tinha alguém atrás de mim. Uma vez saí de casa em Santa Teresa para o Jardim Botânico, onde ficava o *Opinião*, e achei que estava sendo seguido por um Fusca. Isso aconteceu várias vezes. Descia toda a rua Alice com aquele carro no meu encalço e sempre mantendo a mesma distância. Mas, como ele nunca se aproximou para me abordar, acho que seus ocupantes faziam aquilo só para me assustar. Como se quisessem deixar claro que sabiam tudo sobre mim, inclusive que, àquela hora, eu ia até o *Opinião* entregar minha nova matéria.

A maior paranoia que tive foi com a reportagem sobre o Ibrahim Sued, que não era um texto policial, mas um perfil do maior colunista social da época. Eu sabia que o Ibrahim era um homem de grandes ódios. Sabe aquele momento em que a redação para, porque acha que algo terrível vai acontecer? Foi quando o Ibrahim entrou para me entregar a coluna dele no dia em que a matéria ("Ibrahim Sued: *Vinte anos de caviar*") foi publicada no *Opinião*. Ele me deu boa tarde, entregou a coluna e foi embora. Nunca falou sobre o assunto nem mudou o modo como me tratava.

Eu tinha cuidado e ficava preocupado, pois publicava as maiores barbaridades sobre a polícia, e a turma não era de deixar passar em branco. Na hora de escrever não tinha medo. Mas depois, quando via minhas palavras estampadas no jornal, não vou negar: ficava assustadíssimo. Agora, relendo esses textos escritos há quarenta, quarenta e cinco anos, concordo com o que Cássio Loredano, que ilustrou muitos deles, disse a meu respeito: "Aguinaldo era um louco". Francamente, de novo me pergunto: como é que não morri?

"É o fim do mundo", gritavam os jornaleiros. "Um jornal de veados!"

Num dia qualquer de 1977, desci de um ônibus no Posto Seis, em Copacabana, entrei num restaurante chamado Adega do Cesare, comi uma picanha brutal regada a duas caipirinhas e fui a uma reunião num apartamento próximo. Lá estavam à minha espera o dono do imóvel e outros nove jornalistas cuja única ligação era a homossexualidade, da qual eram praticantes, digamos assim, notórios. Mas o motivo da reunião não era o que chamariam na época — e creio que ainda hoje — uma suruba, e sim a criação de um jornal dito alternativo: o *Lampião da Esquina*, que duraria apenas três anos, tempo suficiente para fazer história.

Façamos uma breve jornada de volta ao passado. Em 1977, esteve no Brasil um cidadão inglês chamado Winston Leyland, morador nos Estados Unidos e editor de um jornal mimosamente denominado *Gay Sunshine*. O veículo era patrocinado por uma entidade americana, o National Endowment for the Arts, cujas verbas generosas também permitiam a Leyland publicar livros sobre o tema. Foi este o motivo de sua viagem ao Brasil: colher material para uma antologia de escritores homossexuais latino-americanos, que, depois publicada sob o título *Now, the Volcano*, veio a se tornar um clássico do gênero.

Eu, que tinha algumas histórias homossexuais no meu currículo de escritor, fui convidado por Leyland para uma feijoada no restaurante Alcazar, na avenida Atlântica, um ponto de encontro de gays na época, fechado depois que seus frequentadores, tidos como criaturas volúveis, se bandearam para outros locais. Aquela foi o que eu chamaria de uma refeição indigesta. Não por causa da feijoada, mas porque eu e Leyland batemos de frente. Ele tinha uma visão grega clássica da homossexualidade e eu era mais da pá virada. Ele era de direita e eu, na época, tinha a pele toda empolada por conta da doença infantil do esquerdismo — da qual graças ao meu bom Deus me curei para sempre. Daí, discutimos; e ele se levantou da mesa e foi embora quando eu lhe disse que o Império Britânico nunca seria o que foi sem o ouro e a prata do Brasil, do Peru e da Bolívia.

Sejamos justos com o rapaz: mesmo sem nunca mais falar comigo, ele incluiu em sua antologia clássica uma novela minha chamada "O amor grego", que ocupou boa parte do livro.

Durante sua estadia no Rio de Janeiro, Leyland foi ciceroneado por um cidadão gaúcho chamado João Antônio Mascarenhas. Criado para ser o herdeiro de uma estância monumental nos pampas, João Antônio acabou preterido em favor de um irmão mais novo depois que o pai descobriu que ele servia de *prenda* ("aliás, com muito gosto", me disse um dia) para um dos peões da estância. Gaúcho que é gaúcho, diz a lenda, é sempre macho. Assim, ao mostrar que embora fosse gaúcho não era desses, o ex-futuro estancieiro foi condenado ao exílio no Rio de Janeiro. Mas um exílio dourado, pois a família lhe deu tudo o que pediu, com a condição — que ele cumpriu com muito gosto — de nunca mais voltar aos pagos.

Mal chegou ao Rio, o gaúcho João Antônio tratou de se integrar à comunidade gay e nela logo se tornou notório. Sem nunca perder seus arroubos de estancieiro — era mandão e autoritário —, destacou-se como um líder nato. Era o exemplo máximo do que se poderia denominar, na época, de ativista — e sua bandeira, claro, era o ainda chamado "amor grego". Disparava cartas para o mundo inteiro em busca de pessoas que pudessem colaborar com sua *causa*, e um dos primeiros a responder aos seus apelos foi Winston Leyland.

Depois que o editor do *Gay Sunshine* voltou para os States, João Antônio passou a alimentar o sonho de fazer no Brasil um jornal parecido com o dele. Na época, tudo o que havia para essa seleta fatia de leitores era um boletim mimeografado, o *Snob*, editado sem nenhuma periodicidade por outro gay notório com quem João Antônio havia brigado. A sua fome — acabar com o *Snob* e dar uma lição no desafeto que o editava — se juntou à vontade de comer, quer dizer: criar um jornal gay brasileiro. De tanto pensar no assunto, ele teve uma ideia brilhante: fez uma lista de dez jornalistas (ou escritores) homossexuais mais ou menos "assumidos" e os convidou para um convescote em sua casa.

Hoje posso dizer que as escolhas de João Antônio foram meio aleatórias. Só na redação de *O Globo*, onde então eu trabalhava, além de mim havia pelo menos quatro homossexuais — dois deles na editoria de esportes — que em matéria de sexualidade atuavam *full time*, embora não o apregoassem. Já os dez escolhidos não se preocupavam muito em fazer segredo dessa, digamos, "condição".

Quem eram eles? Tenho a veleidade de achar que era o primeiro. Os outros da lista *rosa* do quase estancieiro gaúcho eram: Antônio Chrysóstomo, Gasparino Damata, Clóvis Marques,

Francisco Bittencourt, Adão Acosta, Darcy Penteado, João Silvério Trevisan, Jean-Claude Bernardet e um que não era jornalista, mas, na qualidade de professor universitário e antropólogo, escrevia artigos nos jornais: o inglês Peter Fry.

O convescote, ao qual cheguei calibrado pelas caipirinhas, logo se transformou numa animada e produtiva reunião de trabalho. Quando ela terminou, quatro horas depois, já tínhamos o nome do jornal e sua primeira pauta. Ele se chamaria *Esquina* e, em seu número zero, teria como assunto de capa a saga de Celso Curi, colunista de um jornal paulista que abordava temas gays e por isso estava sendo processado. Um problema técnico — quem editaria o jornal? — foi logo contornado: João Antônio deixou que lhe baixasse sua alma autoritária de estancieiro gaúcho e decretou: "Será o Aguinaldo".

Topei sem pensar duas vezes, pois vi na chance de editar esse jornal destinado a afagar os gays brasileiros uma oportunidade maior — a de fazer um órgão (acho que a palavra não pega bem aqui) ousado, criativo e debochado. "Esquina", o nome escolhido para o jornal, não vingou, pois já tinha sido registrado. A alternativa proposta por mim — acrescentar um "Lampião da" ao "Esquina" — ganhou uma conotação completamente dúbia quando um ilustrador de *O Globo*, Mem de Sá (heterossexual, diga-se de passagem), convidado a desenhar o logotipo do jornal, achou que "Lampião" fosse uma referência ao cangaceiro notório e desenhou sob o título um chapéu igual ao que "o terror do sertão" usava nos seus dias de glória.

O fato de um jornal "de bichas" adotar esse nome e assim ter como padroeiro um dos maiores representantes da *machice* do povo brasileiro já dizia com toda clareza, antes mesmo que chegasse às bancas, o quanto o *Lampião da Esquina* seria debochado.

Poucos meses depois da reunião no apartamento de João Antônio, em abril de 1978, com o *Lampião* já instalado numa sala da rua Joaquim Silva, na Lapa, após muitas madrugadas em claro e dezenas de viagens aos subterrâneos do *Jornal do Commercio*, na Gamboa, consegui que fosse impresso o número zero. E o assunto de capa era o que tinha sido programado: sob a foto de Celso Curi, o título chamativo: "Celso Curi processado. Mas qual é o crime deste rapaz?".

Rodaram-se dessa primeira edição do *Lampião da Esquina* 15 mil exemplares. Como não havia espaço para guardá-lo — as impressoras do *Jornal do Commercio* cuspiam a cada hora todo tipo de jornais e suas oficinas viviam abarrotadas —, tratamos de fechar um contrato de distribuição com a Fernando Chinaglia, que recebeu o jornal no seu galpão e lá o deixou amontoado. Depois de três dias sem que nenhum jornaleiro se interessasse por ele, João Antônio convocou uma reunião de emergência e nos perguntou o que fazer. A resposta veio de Adão Acosta, que trabalhava em *O Dia* e era meu subeditor não declarado:

"Vamos todos pro galpão do Fernando Chinaglia, de madrugada, mostrar o jornal ao pessoal das bancas e convencê-los a levá-lo."

Assim foi feito. De madrugada, com o galpão lotado de italianos ou os filhos destes, que então dominavam o comércio de bancas de jornais no Rio de Janeiro, entramos lá, rasgamos os papéis que escondiam o *Lampião*, e cada um de nós saiu a exibir um exemplar para os possíveis interessados. Por toda parte ouviu-se o mesmo comentário, em altos brados:

"Mas isso é um jornal de veados!"

E nenhum jornaleiro, depois de dar uma olhada rápida no *Lampião* e reagir com nojo, se dignou a levá-lo. "E agora, o que fazemos?", perguntaram meus atribulados colegas. Respondi na bucha: "Amanhã voltamos".

Voltamos e voltamos e voltamos. Nos cinco primeiros dias, nossa entrada no galpão da Fernando Chinaglia causava um rebuliço nunca visto. No sexto percebemos que, com mal disfarçada curiosidade, os jornaleiros já nos esperavam. No sétimo estávamos todos tomando cachaça com eles no boteco da esquina. E no décimo dia já não havia no galpão um único exemplar do *Lampião da Esquina* — o "jornal de veados" aparecia exposto em todas as bancas da cidade.

Lembro-me de quando o vi com grande destaque, como um verdadeiro lampião a brilhar no entorno escuro, na banca do Serrador, na Cinelândia, a única na cidade que ficava aberta dia e noite. Diante dele, a ler sua primeira página, curiosos mas assustados, alguns dos velhos habitués da Cinelândia, gays que no começo encararam o *Lampião* como um sinal do fim do mundo, mas depois passaram a comprá-lo fielmente, embora pedissem ao jornaleiro Giuseppe que o embrulhasse em papel pardo.

Em seis meses, o sopro de frescura que o *Lampião* deu à cada vez mais pesada imprensa alternativa o transformou num sucesso. Mas antes disso houve a primeira dissensão — justamente a de João Antônio. Fechadas as contas do segundo número, ele convocou outra reunião em sua casa para reclamar que o jornal não saíra como ele esperava, pois, explicou, para expor e defender a causa gay só havia um caminho para o — de novo — órgão com o qual sonhara: que ele fosse digno, sério e respeitoso.

"Nem o *Estadão* é tão radical", eu disse. Ao que ele me respondeu de modo curto e grosso: "Mas nós seremos". E sacou do bolso um calhamaço de sete laudas escritas à mão enquanto dizia: "Estas são as novas diretrizes do *Lampião*, e elas devem ser publicadas no próximo número na primeira página".

Peguei o calhamaço, arrisquei uma vista d'olhos e proclamei: "Não publico isso nem que o Geisel entre por aquela porta e me diga que essa é a única saída para eu não parar na Ilha das Flores de novo!". Em resposta, João Antônio foi até um móvel, abriu uma gaveta, tirou de lá um daqueles chicotinhos de gaúcho e, depois de brandi-lo em minha direção, gritou: "O jornal foi ideia minha e nele sou eu quem manda!". E eu, sem me abalar, mas sempre de olho no chicote que ele brandia, lhe disse:

"Então trate de editá-lo."

Abri a porta e me escafedi antes de ser chicoteado.

No corredor do prédio, enquanto esperava o elevador, eu ouvia os gritos vindos do apartamento de João Antônio e pensava que só três categorias de seres humanos em todo o universo são capazes de dar gritos tão agudos — os sopranos, as crianças antes de ultrapassarem os três anos de idade e os "veados" de qualquer idade.

Adão Acosta me contou que, acuado pelos outros membros do Conselho Editorial, houve um instante em que João Antônio (literalmente) se rasgou todo e proclamou: "Já que preferem ficar do lado daquela bicha do cabelo esticado [era eu!], saio da merda desse jornal e quero mais é que vocês se fodam!".

Assim, depois de procurado pelos demais e devidamente acarinhado, naquela madrugada mesmo eu já adentrava as oficinas do *Jornal do Commercio* carregando um monte de *past ups* para fazer o trabalho de jornalista ao qual me dedicaria nos três anos seguintes — editar o jornal que era "de veados", sim... mas, talvez por isso mesmo, e por conta da época difícil em que vivíamos, era também revolucionário.

O primeiro número de *Lampião da Esquina* saiu em abril de 1978 e os custos foram bancados pelos membros do Conselho Editorial, mas com uma ressalva: a partir daí, o jornal teria que se pagar sozinho. Para isso criamos a Esquina Editora, que publicava livros preferencialmente relacionados com o universo gay; abrimos a carteira de assinantes, que nos surpreendeu, já que estes chegaram em pouco tempo à casa dos milhares e de todos os pontos do país; solicitamos a ajuda dos simpatizantes para nos angariar publicidade e conseguimos vários anunciantes fiéis, inclusive a distribuidora Fox Filmes, que nos dava sempre anúncios de página inteira dos seus lançamentos — um deles foi, imaginem só, *Apocalypse Now*. E organizamos as festas chamadas Bixórdia, realizadas sempre no Teatro Rival, que atraíam grande público para ver os artistas que, "fiéis ou simpatizantes da causa", iam lá se apresentar de graça.

Mas o que me surpreendeu mesmo foram as vendas, turbinadas pelos jornaleiros italianos que, depois de nossa insistência no galpão de Fernando Chinaglia, passaram, com todo respeito, a torcer por nós. O jornal tirava 20 mil exemplares e praticamente se esgotava. Formamos uma rede de distribuidores que o recebia nas principais capitais do país, com destaque, é claro, para São Paulo. Nos quase três anos de existência do *Lampião da Esquina*, chegamos até a lançar três números extras, um deles com as grandes entrevistas feitas pela turma da redação.

Sobre isso, tenho uma história infeliz, mas com uma reversão de expectativa que a tornou positiva: quando Fernando Gabeira chegou do exílio em grande estilo — que incluía a famosa tanguinha de crochê com que ele desfilava nas areias de Ipanema —, lhe perguntamos se nos daria uma entrevista, e ele, que era a mais solicitada das pessoas entrevistadas àquela altura, respondeu na bucha: "Por que não?".

Marcamos na hora. Munidos de um gravador daqueles de tamanho gigante, fomos todos ao apartamento do ex-exilado ilustre e lá ficamos a lhe fazer perguntas durante quatro horas.

Tão siderados ficamos que nos esquecemos de verificar se o gravador estava registrando tudo. De volta à redação, tratamos de fazer isso e só aí descobrimos que o tal gravador monstrengo não gravara sequer uma palavra. Como diria Joseph Conrad: "O horror, ah, o horror!".

Francisco Bittencourt, um dos membros do conselho, já começava a arrancar os poucos cabelos que lhe restavam, quando argumentei: "Gente, o Gabeira, antes de ser *este* Gabeira da tanguinha e aquele outro do sequestro do embaixador, era jornalista! É claro que isso já aconteceu com ele". "E daí", perguntaram os outros, "o que fazemos?" "Simples", eu disse, "ligamos para ele, contamos o que aconteceu e perguntamos se topa nos dar a entrevista de novo." Assim fizemos. Gabeira topou e — incrível — a entrevista durou quatro horas de novo e saiu praticamente a mesma. E, dessa vez gravada de cabo a rabo, quando publicada tornou-se um dos maiores sucessos do jornal.

Para mim, editar o *Lampião da Esquina* — e administrá-lo, porque também fazia isso com a preciosa ajuda de Francisco Bittencourt — foi a mais prazerosa aventura de minha vida. Nem quando fugi da polícia correndo pelos telhados da Lapa com o Alemão me diverti tanto. As madrugadas em que eu e Adão Acosta fomos parados pela polícia nas cercanias da praça Mauá, quando íamos para as oficinas do *Jornal do Commercio* com os *past ups* das páginas do jornal cuidadosamente separados no banco de trás do meu carro...

"O que é isso aí atrás?", perguntavam os policiais. E nós respondíamos alegremente: "Matérias para um jornal!". Era a senha para que os meganhas se lançassem sobre os *past ups* em busca de material subversivo... E eu e Adão contávamos os segundos até que um deles pronunciasse a frase que havia se tornado o nosso "Abre-te, Sésamo":

"Mas é um jornal de veados!"

E, às gargalhadas, depois de soltar as infames piadas de sempre, nos deixavam ir embora, sem saber que, com sua linguagem debochada e por conta dos temas que abordava, o "jornal de veados" foi, durante o tempo que frequentou as bancas, de longe o mais subversivo da imprensa alternativa.

Sim, o *Lampião* provocava nas pessoas sorrisos de condescendência e ironia. No auge da ditadura ninguém nos considerava perigosos. A não ser uma pessoa, justamente a mais perigosa de todas: Armando Falcão, o então ministro da Justiça e que, segundo boatos recorrentes na época, tinha, bem... problemas com a homossexualidade.

Para a maioria dos membros do Conselho Editorial do *Lampião da Esquina* e seus legítimos proprietários, tudo era festa. Mas eu, que já passara pela prisão da Ilha das Flores e pela experiência de ver minhas matérias para o *Opinião* e o *Movimento* censuradas, não tinha a menor dúvida de que surgiriam problemas, e tratei de alertá-los. Assim, quando chegou a primeira intimação na sede do jornal para que comparecêssemos, um a um, à Polícia Federal, já estávamos preparados.

Nós fomos, é claro. Lá, por ordem do ministro da Justiça em pessoa, segundo nos disseram, fomos fotografados e fichados. O procedimento era sempre o mesmo. De posse de um vasto dossiê sobre nós e o jornal — ao qual não tínhamos acesso —, um delegado o folheava enquanto nos fazia perguntas que ele considerava "embaraçosas" (mas nós, não, é claro).

Percebemos nesses depoimentos uma tentativa de pressionar os editores no sentido de causar-lhes um sentimento de culpa. A primeira e estranha pergunta que faziam era se confirmávamos que éramos homossexuais. Queriam que uma confirmação oficial de cada um constasse do inquérito. Só depois faziam perguntas sobre nosso trabalho "oficial" — éramos jornalistas, professores etc., e eu sentia nisso uma ameaça velada: por causa da brincadeira de mau gosto que era o *Lampião*, podíamos, no mínimo, perder nossos empregos.

Mas nosso advogado era Modesto da Silva, que nos defendia em nome da Associação Brasileira de Imprensa. Isso os impedia de nos descaracterizar como o jornal que o *Lampião* era.

Ficamos sabendo que os responsáveis pelo inquérito entregaram vários números do jornal à censura, para que ela emitisse um parecer. Se fosse negativo, como acreditávamos que seria, eles poderiam usar contra nós o decreto-lei nº 1077, de janeiro de 1970, que estabelecia a censura prévia, ou seja, "aplicada antes da publicação ou difusão das ideias". Mas, por alguma razão misteriosa, esse parecer nunca saiu, ou pelo menos não foi divulgado nem levado em conta.

Um exemplo do modo debochado como o jornal tratava mesmo os assuntos mais sérios: no primeiro número que circulou após a intimação da Polícia Federal (maio de 1979), publicamos na capa as fotos de cinco dos membros do Conselho Editorial vestidos de presidiários sob a manchete: "Pode haver crime maior?".

A questão era que os métodos usados pela polícia para processar os outros jornais nanicos não se aplicavam ao *Lampião*, cujo crime era ser apenas — e de novo — "um jornal de veados". Como agir nesse caso? O delegado que nos interrogava não sabia... E nada sobre nós ficou muito apurado. Mesmo assim, Armando Falcão bateu o pé e exigiu que o inquérito sobre o "jornal de veados" continuasse. Uma vez concluído, ele foi enviado à Procuradoria Geral da República, que deveria transformá-lo em processo. Mas isso não aconteceu, pois o procurador encarregado mandou arquivá-lo sem maiores comentários... e após dar muitas gargalhadas durante uma reunião que tivemos no seu gabinete.

Logo depois do arquivamento do processo, em janeiro de 1980, o *Lampião* realizou no auditório da Associação Brasileira de Imprensa, em grande estilo, o 1º Encontro Nacional do Povo Gay, ao qual compareceram delegações de vários estados, com predominância de cariocas e paulistas. Fiz questão de atuar apenas como observador e jornalista — coube a mim coordenar a cobertura do evento —, e assim pude perceber que ali começava o desencontro de opiniões que levaria o jornal a um racha inevitável entre os membros paulistas e cariocas do Conselho Editorial.

Os paulistas, liderados por João Silvério Trevisan, que já haviam conseguido até uma entrevista com o então líder sindicalista Luiz Inácio da Silva (publicada sob o título "E na classe operária, não vai nada?"), queriam que o *Lampião* se tornasse mais político e fosse uma espécie de braço gay do Partido dos Trabalhadores; já os cariocas, liderados por Francisco Bittencourt, preferiam que o jornal se tornasse ainda mais debochado. Houve duros embates, que resvalaram para a velha rivalidade entre cariocas e paulistas, o que deu margem a uma reação inesquecível de uma das lésbicas presentes. No auge da discussão, ela tirou o sapato, bateu com ele na mesa e decretou:

"Vamos recolher as penas, senhores, e parar com essa discussão sobre quem é melhor, se Rio ou São Paulo. Não esqueçam que bairrismo é coisa de heterossexuais!"

Percebi naquele 1º Encontro que não haveria um segundo e que o próprio *Lampião* não duraria muito. As discussões na redação se tornaram frequentes e chegaram ao auge num dia do mês de junho de 1981, em que me recusei a publicar um artigo de oito páginas, escrito por um dos colaboradores paulistas, sobre as vantagens — inclusive políticas — que os gays teriam

112

na vida se fossem vegetarianos. Meu argumento — "veado gosta mesmo é de carne!" — provocou uma troca de acusações e insultos tão violenta que dela não poderia mais haver retorno e que só terminou quando anunciei que não editaria mais o jornal, e fui embora. Como não sou de olhar para trás depois que abandono um barco, nunca soube como a discussão em torno das vantagens de não comer carne (menos a humana) se encerrou. Mas Adão Acosta me contou depois que, como ninguém se habilitou a me substituir no cargo de editor, trataram todos de ir para casa depois de decretar que a partir daquele dia o ciclo de vida do *Lampião da Esquina* estava encerrado.

O último número ainda ficou nas bancas até que os jornaleiros tratassem de recolher as sobras e jogá-las no lixo. A manchete que ele ostentava era uma pergunta: "Veado gosta de apanhar?". Nos seus quase três anos de vida o *Lampião* talvez tenha respondido: "Sim, quem sabe?". O que me faz lembrar do episódio abaixo, que junta essas duas vertentes da minha vida de então — o assim chamado ativismo homossexual e o meu fascínio pelos temas relacionados com a polícia.

Naquela noite de 1978, o Teatro Rival registrou em sua plateia a maior concentração de gays de todos os tempos. Não era para menos, já que ali se festejava o primeiro aniversário do jornal dedicado à "classe", na festa chamada Bixórdia. Vários artistas compareceram a convite de Antônio Chrysóstomo, que até pouco tempo antes fora crítico de MPB da revista *Veja* e dirigia shows, e lá se apresentaram de graça. Antes houve um coquetel generoso de caipirinhas, o que descontraiu o ambiente ao máximo. Eu, que comandava a festa e estava atento a todos os detalhes, logo percebi a figura esquiva que, com uma cara de pedra e uns olhos azuis e vidrados, observava tudo. "Quem é?", perguntei a certa altura, acho que para Ângela Leal, a dona do teatro. Ela me respondeu: "É um policial e faz a nossa segurança".

Ele se chamava William, mas, não sei por quê, gostava que o chamassem de Wallace. Tinha o hábito de, com alguns asseclas, forjar flagrantes de assédio contra homossexuais para depois achacá-los. Com o tempo, se tornara figurinha carimbada na Cinelândia, onde suas vítimas faziam questão de apontá-lo. O problema é que William era um homem muito bem-apessoado, e por causa disso, mesmo sabendo do perigo que corriam, as vítimas futuras não resistiam às suas cantadas e se deixavam levar para o local do centro da cidade apelidado de Via Ápia, onde eram atacadas.

Enquanto a festa se desenrolava e a descontração no Teatro Rival chegava às raias do "tudo é permitido", William Wallace, tal como o guerreiro escocês de mesmo nome que liderou a revolta dos seus compatriotas contra a dominação inglesa, ficava cada vez mais tenso lá no canto escuro onde se abrigava. Quando afinal a festa acabou e todos foram embora, seus olhos azuis há muito tinham deixado de piscar e pareciam duas brasas.

Foi quando todos os outros do *Lampião* saíram e só eu fiquei no teatro para acertar nossa conta com o dono do bufê e responsável pelo coquetel. Sentamos num canto mais discreto e eu estava empenhado em negociar um desconto quando vi William (ou Wallace) sair do escuro de revólver em punho, apontar na nossa direção... e atirar três vezes para o alto.

Será que é preciso dizer? Mal ouvimos os disparos, eu e o homem do bufê — da mesma forma que todos os que ainda estavam no teatro —, mortalmente assustados, corremos um para cada lado... E só acertamos nossas contas dias depois num local mais seguro — a redação do jornal, que ficava muito apropriadamente à rua Joaquim Silva, na Lapa.

Nunca mais vi William (ou Wallace) depois disso, a não ser nos meus últimos dias em O Globo, quando, num certo domingo em que cheguei para editar as páginas de Cidade do jornal, me deparei com uma sequência de fotos na qual um homem chutava impiedosamente um cadáver.

Era ele.

O corpo de um suposto assaltante morto a tiros jazia à beira de uma estrada do subúrbio e a equipe de O Globo foi a primeira a chegar lá para documentar o fato, quando um carro parou, um sujeito cheio de atitude desceu, perguntou quem era o "presunto" e, ao saber que era de um possível assaltante, começou a chutá-lo aos gritos de: "Bandido tem mais é que morrer!".

Diante daquela chocante sequência de fotos, fiz o que me cabia: tratei de negociar a publicação de uma delas na primeira página do jornal. A repercussão foi tamanha que William Wallace, cujo nome verdadeiro eu nunca soube, acabou sendo demitido por má conduta do serviço público.

Depois que saí de O Globo, e sempre no exercício das minhas funções no jornal Lampião, ainda o vi algumas vezes, a perambular pelas madrugadas da Cinelândia atrás de possíveis vítimas, com seus olhos de fogo... Até que tudo passou: o jornal fechou, eu me tornei — imaginem só! — novelista de televisão, e a própria Cinelândia deixou de ser um point de homossexuais. Como se tudo não tivesse passado de um sonho bom do qual eu não devia ter acordado.

Os textos que seguem podem ser vistos (e lidos) como passos de um calvário — a viagem que, nas décadas de 1970 e 1980, fiz ao criadouro da violência que hoje assola o Rio de Janeiro, lá onde foi chocado o ovo da serpente cujos filhotes, inicialmente relegados à periferia e à Baixada Fluminense, acabaram por se espalhar por todos os bairros da cidade e hoje fazem parte do seu dia a dia e de sua rotina.

A.S.

Parte 2

O repórter Aguinaldo Silva escreveu sobre diferentes aspectos da violência na cidade do Rio de Janeiro ao longo dos anos 1970. Vários de seus textos — grande parte publicada na imprensa alternativa — trataram de crimes que abalaram e mobilizaram todo o país. Nesta primeira sequência de reportagens, foram escolhidos textos sobre o crime do Sacopã, o caso Carlinhos, o caso Van-Lou e o caso Araceli, o único que não aconteceu no Rio de Janeiro.*

---

* Tanto os textos de abertura desta segunda parte quanto as notas de rodapé que contextualizam as reportagens de Aguinaldo aqui reproduzidas são da editora.

O crime do Sacopã, ou, como diria David Nasser, "falta apenas vergonha no Brasil"?*

OPINIÃO, 18 A 28 DE DEZEMBRO DE 1972

O sr. Rui Dourado, hoje delegado de Trânsito, à época um anônimo comissário de polícia, considera "difícil para a atual geração" compreender um fato como o processo do Sacopã, ocorrido há vinte anos e no qual ele teve participação especial. O delegado tem razão. Todos os ingredientes desse crime onde vítima e possível criminoso são os detalhes menos importantes, reunidos e postos a cozinhar no fogo brando do tempo que a tudo encobre, formam uma receita típica da época em que ele foi praticado — a década de 50.

---

* O chamado crime do Sacopã aconteceu no dia 7 de abril de 1952. É ainda hoje motivo de debate o assassinato do funcionário do Banco do Brasil, Afrânio, encontrado dentro de um carro na ladeira do Sacopã. Durante as investigações, venceu a hipótese de que fora morto por um tenente da Aeronáutica enciumado, Alberto Bandeira. O pivô do crime: Marina, uma normalista de comportamento "avançado" para a época. Por dois anos, os desdobramentos das investigações foram divulgados regularmente pela imprensa. Em 26 de março de 1954, Bandeira foi condenado à prisão, ainda que, para muitos, não houvesse provas consistentes. Cumpriu sete anos em regime fechado até seu advogado, o famoso "homem da capa preta" Tenório Cavalcanti, conseguir a liberdade condicional, reacendendo o caso. Mantendo a declaração de inocência, Bandeira e Tenório passaram a investigar, montando uma versão própria dos fatos: Afrânio teria

Para alguns saudosistas, os anos 50 representam o fim da época dourada em que o Rio era a capital federal, quando não havia poluição nem dramas de incomunicabilidade e em que as pessoas ainda pareciam formar uma grande família e cultivar o que hoje os turistas buscam em vão: o então chamado espírito carioca.

Mas quem se voltar para aquela época sem se deixar levar pelo saudosismo verá um mundo bem diferente. Nos anos 50, muito mais que hoje, o que parecia alimentar todo tipo de relacionamento entre as pessoas era a hipocrisia. Era a época em que Virgínia Lane se dividia entre o Coelhinho Tonelux da TV, que as crianças adoravam, e a vedete de boca suja que os pais iam admirar na praça Tiradentes; em que as normalistas eram símbolo de pureza no samba-canção de Nelson Golçalves e, ao mesmo tempo, personagem principal da piada mais típica da época — a da mocinha que encontrou o pai num randevu. O jogo das aparências, cultivado com furor pelos bem-pensantes, limitava e canalizava o famoso rio de lama para que ele corresse apenas nos subterrâneos do Catete sem abalar os alicerces das casas de boa família. E um país inteiro — devidamente orientado pelos seus guias — era capaz de acreditar que o mal havia sido cercado e exorcizado numa ladeira deserta da Lagoa, dentro de um Citroën negro.

Às 23h45 do dia 6 de abril de 1952, com quatro balas no corpo e catorze coronhadas na cabeça, um morto foi depositado dentro

---

sido morto por ciúmes, sim, mas de outra mulher — Mimi, filha do senador Alencastro Guimarães, que teria contratado um matador profissional para dar fim à vida de Afrânio. Em 1972, o caso voltou às páginas dos jornais com força total. Uma nova audiência foi marcada um mês antes de o crime prescrever, mas Bandeira não compareceu. Sua versão, portanto, nunca foi confirmada. Foi nesse contexto que Aguinaldo produziu o artigo reproduzido aqui, publicado no último *Opinião* de 1972.

de um carro na deserta ladeira do Sacopã, como um despacho a Exu, a indicar que havia algo de podre no ameno Distrito Federal. As primeiras investigações deixaram bem claro que o crime não ocorrera ali. Na avenida Epitácio Pessoa, o guarda-noturno Adail Teixeira vira o carro estacionado. Depois, ouvira alguém disparar dentro dele um tiro, seguido de um grito de mulher. Segundos depois, o carro saía em disparada.

O morto do Sacopã, Afrânio Arsênio de Lemos, funcionário do Banco do Brasil e herói da FEB, deixaria uma trágica herança. Uma das primeiras coisas que os policiais apreenderam no Citroën foi uma caderneta com dezenas de telefones, quase todos de mulheres, das quais apenas duas acabariam por se impor na história. A primeira, Marina Andrade, aluna do terceiro clássico do colégio Andrews, a normalista do samba-canção e da piada — "de personalidade, caráter e formação pré-prostitucional", segundo afirmou o promotor Émerson de Lima no julgamento —, (iria) fornecer à moral dos anos 50 a versão mais apropriada para o crime. A segunda, Maria Helena Alencastro Guimarães, a Mimi, permaneceria durante vinte anos protegida de qualquer implicação no caso, para ressurgir agora como o grande e esquecido personagem da história que não foi contada.

Cinco dias de investigações deixaram bem claro que o crime do Sacopã resultaria num processo importante. No dia 12 de abril — quando a sra. Alencastro, segundo os jornais da época, compareceu "espontaneamente" à 2ª DP para prestar "alguns esclarecimentos" — o delegado Hermes Machado, encarregado das investigações, já podia traçar um retrato nada lisonjeiro de Afrânio, o Fafá, e dos que o rodeavam: mulherengo, sem escrúpulos, dividia seu tempo entre o Banco do Brasil, onde aparecia raramente, as mulheres de todas as classes que conquistava e os amigos da turma da avenida Atlântica, a quem contava detalhadamente o resultado de tais conquistas. Capaz de coisas indefensáveis, como esbofetear d. Mimi Alencastro Guimarães em pleno Clube Caiçaras e tomar seu colar de pérolas perante um oficial do Exército — o coronel Henrique Cordeiro Oest, hoje cassado, que a tudo assistiu —, ele nutria ao mesmo tempo, segundo seus amigos, uma paixão pura pela jovem estudante cuja foto foi encontrada em seu bolso, "no lado do coração", com uma dedicatória que, para ela, seria a perdição: "Para o meu Afrânio, com todo amor da tua Marina. Rio, 31/01/52".

Dez dias depois, o crime do Sacopã completava a sua galeria de personagens inesquecíveis: Afrânio, o devasso; Marina, a "messalina de saia azul e blusa branca"; o tenente Alberto Jorge Franco Bandeira, um dos muitos namorados da moça, repentinamente alçado à condição de suspeito; o delegado Hermes Machado e o comissário Rui Dourado, a orientar as investigações e o noticiário dos jornais; os peritos da Polícia Técnica Oscar e Mota, repentinamente afastados do caso ao descobrir, no Citroën negro, impressões digitais de pessoas que aparentemente nada tinham a ver com a história; Leopoldo Heitor Andrade Mendes, um desconhecido e ambicioso advogado a forçar com os cotovelos e a oratória incandescente um lugar na primeira página dos jornais; Valton Avancini, um escroque de muitas faces que no processo do Sacopã seria ao mesmo tempo suspeito e testemunha de acusação; d. Mimi, já devidamente resguardada pela sombra do pai, talvez a grande e invisível figura do processo: o senador Napoleão Alencastro Guimarães, na época diretor da Central do Brasil — em cujos subterrâneos, dizem, foi tramada a morte de Afrânio —, uma espécie de Cidadão Kane de pincenê e bengala.

E, além desses personagens principais, todo um elenco de coadjuvantes, figuras saídas das ruas mal iluminadas de Ipanema e das vielas tortuosas dos arredores da Central, seres cuja presença seria altamente suspeita em qualquer sala de visitas e que, nos meses seguintes — num crescendo que atingira seu clímax em 1954, a 28 de março, em pleno tribunal —, acabariam por roubar o público até da novela de maior audiência da época, *Coração selvagem*, do Grande Teatro Colgate-Palmolive, na Rádio Nacional.

No dia 9 de julho, sob o apaixonado e controvertido interesse do país inteiro, o tenente Bandeira — que surgira inicialmente na história como o personagem menos importante e que fora convenientemente alçado ao elenco principal quando este já se compunha de dezenas de nomes que, pela importância, eram na época totalmente impronunciáveis — era acusado pelo promotor Émerson de Lima como incurso no artigo 121, §2º, inciso 3º. No dia 28 de março de 1954, essa acusação resultaria numa sentença ditada pelo júri em meio a um julgamento palpitante: quinze anos de reclusão.

Os jornais da época mostram Bandeira, escoltado, a descer de uma camioneta da Base Aérea de Santa Cruz diante do Tribunal do Júri, "Dorian Gray Caboclo", "Iceberg", é como o chamam. Mostram, também, ávidas senhoras a devorarem, nos corredores do tribunal, volumosos farnéis que eles denominam "refeição frugal". Exibem fotos dramáticas do advogado Romeiro Neto, defensor do tenente, a quem coube "a dura missão de falar pela parte menos representativa da sociedade — o criminoso". E aplaudem as ocasiões em que as pessoas ou instituições ressaltam, com um gesto ou uma frase, a moral típica dos anos 50: o juiz João Claudino, que presidia o julgamento, mandou expulsar do tribunal dois manequins de Germaine Laconte — "Miss Simpatia" e "Miss Côte d'Azur" —, porque elas, atraídas pelo rumoroso julgamento, ousaram penetrar no tribunal com uma roupa mais ou menos parecida com a da estátua que representa a Justiça — "com as espáduas nuas!".

Diante do tribunal, centenas de pessoas se acotovelam dia e noite — o julgamento durou 29 horas —, a ditarem elas próprias seus veredítos: Marina Andrade, que durante o processo acusara e defendera o tenente, fora presa por faltar a uma audiência — ficou dez minutos no Presídio de Mulheres, em Bangu — e tivera que trancar matrícula no Colégio Andrews por falta de segurança, foi por esse tribunal popular várias vezes condenada à morte: a cada uma de suas entradas era saudada com uma vaia monumental em meio à qual se podia distinguir claramente uma palavra de quatro letras nunca pronunciada, na época, diante de mocinhas. De chapéu e luvas — sempre brancas —, o nariz arrebitado de menina teimosa, acompanhada de um misterioso padrasto que a protegia a todo instante com seus braços potentes, ela poderia ser o grande trunfo do julgamento. Os jornais diziam: Marina vai desmentir o crime, vai defender Bandeira. Na sala da promotoria, fatigada, ela adormecia na noite do dia 27, e assim, como se tivesse a consciência tranquila, acabaria fotografada por todos os jornais. Na sala do julgamento, o promotor Émerson de Lima encerraria o suspense em torno de Marina ao declarar seu depoimento "prescindível". E para abafar murmúrios que essa sua decisão provocara nas galerias, voltar-se-ia contra Bandeira aos gritos de "Dorian Gray Caboclo" com tal ênfase que desmaiaria.

Impassível, os olhos fixos no juiz, rodeado pela escolta de homens fardados como ele, Bandeira ouviu a sentença: quinze anos. Diria depois, "sinceramente, estou aturdido". Na saída, a multidão esperava Marina para julgá-la mais uma vez. Antes de ir embora, ela apertaria a mão do promotor e lhe diria um enigmático "muito obrigado". O comissário Rui Dourado, procurado pelos jornalistas, explicaria mais uma vez por que Bandeira fora pronunciado: "Aconteceu que não encontramos no decorrer das investigações nenhum fato que pudesse explicar a eliminação, a não ser um: os ciúmes de Bandeira em relação a Marina, que também namorava Afrânio".

O raciocínio do comissário, hoje delegado, era demasiado simplista: na cadernetinha de Fafá havia dezenas de outros nomes de mulheres. Durante o inquérito foram ouvidas 87 pessoas que deram dezesseis versões diferentes para o crime, todas aparentemente tão frágeis quanto a do tenente Bandeira. E, na maçaneta da porta esquerda do Citroën negro, os peritos Oscar e Mota, antes de serem afastados do caso, descobriram impressões digitais de Luís Carlos Vital, filho do então prefeito do Distrito Federal, Luís Carlos Vital, e amigo íntimo de Fritz de Alencastro Guimarães, irmão de d. Mimi.

O último grande personagem do processo do Sacopã, mais uma figura criada e alimentada pelos anos 50, surgiria quatro anos após o julgamento, ao tentar anulá-lo. Foi o ex-deputado Tenório Cavalcanti, cuja participação no caso, dizem seus inimigos políticos, tinha um objetivo afinal frustrado: sua eleição para governador da Guanabara, em 1960. A tese que ele defendeu, na época, resultando numa violenta campanha dos outros jornais cariocas, todos unidos contra o seu *A Luta Democrática*:

"Os que mataram Afrânio encontram-se calados, sem dizer até agora por que o fizeram ou a mando de quem. No entanto, já denunciei à nação que o crime foi tramado num dos porões da Estrada de Ferro Central do Brasil, sob a orientação de um seu diretor, na época considerado homem todo-poderoso. Afrânio fazia parte de um bando de transviados do 'society' de Copacabana, e disso não fazia segredo, contando as suas aventuras, muitas vezes exageradas, para quantos de sua roda quisessem ouvi-lo. Um grupo político, economicamente bem instalado, julgando-se vítima do trêfego bancário, resolveu encurtar-lhe os dias de vida."

A campanha de Tenório resultou na libertação condicional de

Bandeira, em 1960, e teve lances cômicos, como o duelo para o qual ele foi desafiado pelo argentino Pepe Caraballo, o hoje marido de d. Mimi.

No dia 11 passado, uma senhora, ouvida pelo repórter de *O Globo* sobre a anulação do julgamento de Bandeira, proclamou: "Um homem tão bonito nunca seria capaz de matar um ser humano". Dia seguinte, ao ver sua própria foto e a de Bandeira nos jornais, ela deve ter tido um choque: o homem tão bonito é agora um senhor cinquentão que tenta inutilmente manter o ereto "porte militar" que o caracterizou no julgamento. E ela própria está, certamente, bem diferente da mocinha que "matou" aula do Instituto de Educação e foi até a porta do Tribunal do Júri para, secretamente, admirar a coragem da "emancipada" Marina Andrade e sonhar com a libertação do jovem, belo e garboso tenente.

O advogado Souza Neto, o último a empunhar o estandarte do aparentemente injustiçado militar, proclamou dia 11, em Brasília, perante os circunspectos ministros do STF:

"Lá fora, talvez aqui dentro, rindo de tudo, rindo das leis e de nós, estão sempre intocáveis os que mataram com a cólera da vingança e os que mataram com o dinheiro da vingança. [Neste processo] fez-se tudo no ar, de boca, silenciosamente, sem razão conhecida, no mais fantástico dos julgamentos, na mais arrepiante cena medieval, em que um inocente saiu condenado pelo crime de delfins improcessáveis."

Para ele, a história do crime é simples: as relações de Afrânio com d. Mimi de Alencastro Guimarães, que era maltratada e explorada, foram as suas causas. No dia 6 de abril, no Citroën de Afrânio, estavam este e mais Fritz e Mimi Alencastro Guimarães, e Luís Carlos Vital. Este, amigo do primeiro, preparou o encontro. As provas são muitas. Uma dela: minutos antes do crime, o Citroën foi abastecido num posto da avenida Vieira Souto, onde Jeovan

Fernandes dos Santos, funcionário da casa, conhecia Afrânio e o viu em companhia de várias pessoas. Ele foi assassinado na Epitácio Pessoa e levado para a ladeira do Sacopã. Quem deu o primeiro tiro em Afrânio foi Avancini — a testemunha que depôs acusaria Bandeira —, e foi nesse momento que o guarda-noturno ouviu um grito de mulher: era a aflita Mimi. Em seguida, sobre o corpo agonizante, o guarda de vigilância Abedil Teixeira Bastos, funcionário da Central do Brasil, desfechou mais dois tiros.

Em 1952, essa versão do crime foi aprovada e documentada na 2ª DP, mas o delegado Hermes Machado e seu comissário Rui Dourado acharam melhor ignorá-la. Vinte anos depois, os "delfins improcessáveis" de que fala o advogado Souza Neto conseguirão fazer com que outras autoridades silenciem?

Em 1972, um crime como o do Sacopã mereceria apenas duas colunas em meio ao noticiário policial. Melhor ainda, ninguém mataria pelo amor de Marina ou de Mimi. Mas a hipocrisia dos anos 50 dizia que a honra, se na intimidade podia ser devidamente destroçada, em público devia ser defendida a qualquer preço. E, por sua causa, era preciso prosseguir, apesar de embates como esses, a empunhar firmemente o estandarte da tradição, da pátria e da família: Fritz Alencastro Guimarães é hoje próspero negociante proprietário de uma rede de farmácias e advogado do Banco Central. Luís Carlos Vital é engenheiro do BNH, Marina Andrade Costa logo após o julgamento viajou para os Estados Unidos e agora vive no Rio, Maria Helena Alencastro Guimarães, a Mimi, vive na quinta portuguesa do marido, nos arredores de Lisboa, de onde sai de vez em quando para aparecer com todas as honras na coluna do Ibrahim. Valton Avancini vive numa fazenda em Atibaia, São Paulo, onde só se pode conversar com ele até as oito horas da manhã. Depois disso, diz um empregado, "quem fala por ele é a bebida". Abedil Teixaria Bastos, ainda que mais modesto, seguiu a profissão de Fritz — possui uma farmácia no Realengo, Émerson de Lima, o promotor, fez há pouco uma operação, uma doença cujo primeiro sinal foi, talvez, aquele desmaio no tribunal, há vinte anos. Hermes Machado, nomeado em 1950 para a 2ª DP pelo então tenente Gregório Fortunato, é hoje diretor do Corpo Marítimo de Salvamento. Rui Dourado está na Delegacia de Trânsito. Leopoldo Heitor, envolvido num processo quase tão rumoroso quanto o do Sacopã, especializou-se em fazer conferências para os jovens estudantes de direito que pretendam imitar seus passos.

A moral dessa longa história? Ela está certamente perdida entre uma e outra das oitocentas páginas do processo. Ou talvez esteja no misterioso fato de um filme com o mulo Francis ter sido o grande sucesso de bilheteria no mês em que Bandeira foi julgado. Ou ainda na frase com que a revista O Cruzeiro chamava, a 28/03/1954, na capa, para o "sensacional" artigo de David Nasser, outro personagem que, hoje, é um fantasma dos anos 50: "Falta apenas vergonha no Brasil".

Um circo chamado sequestro[*]

OPINIÃO, 10 A 17 DE SETEMBRO DE 1973

Há 35 dias um garoto de nove anos foi arrancado de sua casa, à rua Alice, 1606, Rio, por um suposto sequestrador. Tudo aconteceu diante dos olhos atônitos de sua mãe e de alguns dos seus irmãos, e este primeiro lance do já denominado "sequestro de Carlinhos" teve os detalhes clássicos: o sequestrador, de lenço no rosto, ameaçou a família com uma arma depois de apagar a chave geral da luz, e pediu à mãe que lhe entregasse o filho menor (havia outros, menores, que não estavam em casa). Os dois cães que guardavam a residência não se manifestaram durante toda a ação, e o sequestrador pôde sair tranquilamente.

---

[*] O mistério em torno do desaparecimento do menino Carlinhos — nunca esclarecido — gerou uma comoção nacional em 1973. O jornal *O Globo* chegou a contratar o famoso detetive particular Bechara Jalkh para investigar o crime. Filho de Maria da Conceição e de João Melo, dono de uma pequena indústria farmacêutica em Duque de Caxias, Carlinhos foi tirado de sua casa por um homem na noite de 2 de agosto. Depois de prender a mãe e alguns de seus outros filhos num quarto, deixou apenas um bilhete marcando hora, local e valor para o resgate. Mas o sequestrador não apareceu e nunca mais entrou em contato (motivado pela publicação do bilhete pela imprensa, conjecturou-se). Alguns anos depois, Conceição e João se divorciaram, ela acusando-o de envolvimento no crime. O fato foi investigado, e em 1977 abriu-se inquérito

À saída, houve o primeiro detalhe antiacadêmico do sequestro: o pai do menino, não esperado, chegou repentinamente, com um amigo, a tempo de ver o suposto sequestrador embrenhar-se num matagal (o menino, enquanto isso, teria sido levado num carro por outro homem). Meia hora depois, polícia e imprensa, convocados, chegariam à casa onde d. Conceição, a mãe do garoto sequestrado, assistia tranquilamente à novela das dez, e o pai demonstrava um desespero que alguém imediatamente classificou de "contido demais".

A partir daí, todo um circo foi montado em torno do desaparecimento do menor Carlos Ramirez da Costa. E, no vasto elenco que ele abriga, os primeiros a entrar no picadeiro foram, sem dúvida, seus pais — o industrial João Melo da Costa e sua esposa, d. Conceição. Nos dias seguintes o industrial seria alternadamente vítima e suspeito, angústia e esperança, e sua esposa — a única a manter, durante esses 35 dias, uma atitude discreta — seria transformada em mãe exemplar e em péssimo exemplo. João Melo, em suas alternadas crises de desespero, faria apelos à população para que lhe enviasse donativos (o total recebido não chegou a ser divulgado) e distribuiria com a imprensa boletins "literários" nos quais não faltariam "velhinhas sentadas diante da lareira". Em troca, mereceria, da polícia e da imprensa, pelo menos meia dúzia de ativas e suspeitas amantes, uma acusação de pactuar com traficantes de cocaína (a droga destilada em sua

---

policial que apontava um funcionário da empresa de João como o sequestrador. O pai de Carlinhos chegou a ser preso, mas logo foi solto por falta de provas. Desde então, mais de dez homens já se apresentaram a Conceição como o filho desaparecido, mas exames de DNA provaram que nenhum deles era o menino. Aguinaldo Silva acompanhou as reações da família e a atuação da polícia e dos repórteres e, pouco depois de um mês do ocorrido, publicou esta reportagem no *Opinião* revelando suas impressões sobre o crime.

indústria), um levantamento dos cheques sem fundo que por acaso assinou, e, afinal, um retrato terrível: o de um homem que, em tudo na vida, se viu destinado ao fracasso. Caberia à polícia fornecer os destaques seguintes do elenco circense. Uma *estrela* que logo se apagou foi o comissário Peçanha, que era delegado substituto da Delegacia de Roubos e Furtos quando tudo aconteceu. Seus encontros com os jornalistas diante da casa da rua Alice (onde policiais esperaram, durante três dias, um possível retorno do sequestrador, que, infelizmente, faltou ao encontro), suas declarações bombásticas nos corredores da DRF produziram várias manchetes de página e garantiram sua presença nos jornais durante vários dias. E de tal forma se destacou como revelação do elenco o comissário Peçanha que o primeiro nome da campanha, o delegado Darci Araújo, titular da DRF, interrompeu suas férias para retomar seu posto.

No intervalo para a troca entre um delegado e outro, o detetive Murta tentou roubar o show de maneira espetacular. Convocou a imprensa para anunciar que, no dia seguinte, iria procurar o sequestrador vestido de mulher. E, aproveitando a ocasião, deixou--se fotografar já com o disfarce (peruca *kanekalon* loura, conjunto Chanel, tamanquinhos de holandesa, cílios postiços e, escondido sob o busto, um revólver que, certamente, cuspia flores e plumas). A tentativa de roubar o show, no entanto, resultou infeliz para o trêfego detetive: seus superiores, indignados com o fato, resolveram suspendê-lo por noventa dias do elenco como punição.

Afastados Peçanha e Murta, Darci Araújo viu-se só, à frente dos destaques policiais. Deu poucas (e contidas) entrevistas, evitou os fotógrafos, fugiu pelos corredores quando estes o seguiam e entrou em carros cujos motores haviam sido previamente aquecidos. Refez todo o itinerário do sequestrador, ouviu novamente os pais do menino e, vinte dias após o sequestro, permitiu que seu assessor de imprensa anunciasse num sumário boletim: o caso estava na estaca zero.

Como em todo circo, nesse do sequestro havia aquela multidão de funcionários anônimos, ridiculamente vestidos de uniforme vermelho e de galões dourados, que varrem o picadeiro, retiram a sujeira dos leões e ajudam a empurrar os paramentos dos palhaços: eram os jornalistas. Poucas vezes eles se comportaram de maneira tão atabalhoada. Vítimas da falta de assunto que os acomete há algum tempo, procuraram fazer da história bufa que tinham diante de si um acontecimento de importância nacional. E se deixaram levar por todas as declarações precipitadas da polícia, por todos os "boletins literários" do pai do menino, pela multidão de pessoas ansiosas por aparecer e que viram no caso uma excelente ocasião (um pai chegou a oferecer, na ocasião em que mais havia fotógrafos diante da casa da rua Alice, um de seus filhos para substituir, nas mãos do sequestrador, o garoto sequestrado): o noticiário jornalístico alternou suspeitos, anunciou a morte do garoto, a captura imediata do sequestrador ou sequestradores, acusou, defendeu, e alguns desses jornalistas chegaram ao cúmulo de sair do anonimato com o qual habitualmente se defendem, para assinar dramáticos apelos ao sequestrador, do tipo "será que você não tem mãe?" (Regina Coelho, *Última Hora*).

Tanto vedetismo fatalmente geraria rivalidades. E a certa altura surgiu uma, muito séria, entre a polícia e a imprensa. Isso permitiu que o elenco secundário dessa feira de vaidades se projetasse igualmente ante os refletores e as palmas (ou a ansiedade) da plateia. Apareceu Maria Margarida da Silva, secretária do pai de Carlinhos (e sua amante, disse a dobradinha polícia-jornais). Suspeita, ela confessou tudo: planejara o sequestro, escrevera o bilhete exigindo os 100 mil cruzeiros de resgate, escondera o menino com alguns marginais do morro Dona Marta. Por causa disso, foi preso um nordestino apelidado de Pitoca, que, interrogado, perguntou ingenuamente, "Mas doutor, o que é um sequestro?", um detetive particular, Bechara Jalkh, fez críticas ao modo como as investigações se produziam, e um perito em grafologia proclamou: fora mesmo uma mulher a autora do bilhete. A essa altura, já era tempo de Maria Margarida voltar atrás. E ela o fez de maneira espetacular, anunciando que confessara o sequestro "apenas para despistar o real sequestrador e ajudar a polícia".

E quase um mês se passara, sem que se tivesse outra vez notícias de Carlinhos, sumido, com o seu algoz, desde o dia do sequestro. Novas atrações surgiram: Geni Gomes, uma surda-muda que falava o mais castiço português e ouvia os mais absolutos segredos. Abel Silva, um vendedor do laboratório de João Melo, preso como Margarida e depois liberado. O círculo das investigações se abria cada vez mais, a essa altura ultrapassando as fronteiras da Baixada Fluminense e se estendendo, segundo as raras informações da polícia, ao Triângulo Mineiro e ao ABC Paulista (não se disse por que especialmente essas regiões).

Mas o público é inconstante. Esse vasto elenco do circo do sequestro não impediu que ele, aos poucos, se cansasse de suas evoluções e acrobacias. Agora, os carros já não param diante da casa 1606 da rua Alice, é cada vez menor o número de pessoas que esperam cada entrada ou saída de João Melo na rua João Lira, no Leblon (onde ele está desde o dia do sequestro); e o número de jornalistas postados nos corredores da DRF já não ultrapassa a rotina normal. Um mês passou, chegamos ao 35º dia, Carlinhos não apareceu, é até difícil lembrar que ele foi a origem de tudo isso. Em suas últimas sessões, o circo não escapou àquela melancolia comum aos circos. Alguns palhaços ainda insistem em evoluir no picadeiro, é certo, mas aplausos já não há. Antes de se enfastiar, o público se divertiu muito, é verdade: mais uma vez, estranhamente, a multidão achou engraçadíssima a tragédia.

Uma tragédia americana[*]

De um lado, moradores de uma vila da Zona Norte; do outro, uma garota de Ipanema

OPINIÃO, 14 DE FEVEREIRO DE 1975

Um velho repórter policial não resistiu e chamou de "Messalina da UEG" a jovem aluna da Universidade do Estado da Guanabara, moradora da Zona Sul e filha da classe média alta, que surgiu repentinamente como uma das estrelas do noticiário especializa-

---

[*] No final de 1974, dois crimes abalaram o Rio de Janeiro. A estudante universitária Maria de Lourdes, a Lou, e o namorado, o engenheiro Vanderlei, o Van, teriam planejado e executado a morte de dois ex-namorados da moça: Vantuil e Almir. Os crimes aconteceram devido a um pacto de que só se casariam depois que todos seus ex-amantes fossem eliminados. O fato de Lou ser filha de um coronel do Exército e ter declarado que entregara ao namorado um revólver do pai apimentou ainda mais o escândalo. Após longa investigação, em 1979 Lou e Van foram condenados à prisão. Em 1982, os dois saíram da cadeia em liberdade condicional. "Uma tragédia americana" foi publicada dias depois da primeira reportagem de Aguinaldo Silva sobre o assunto, em O Globo. Aguinaldo Silva não concordou com a versão apresentada pelo jornal de que Lou seria uma vítima e, quando convidado pelo Opinião para falar do caso, apresentou sua própria interpretação dos fatos.

do, ao se ver envolvida na morte de dois dos seus ex-namorados. O apelido revela uma crueldade típica dos velhos repórteres policiais (um espécime em extinção, nas redações dos jornais), mas retrata à perfeição a jovem universitária Maria de Lourdes Leite de Oliveira, se formos julgá-la apenas pelos indícios que as investigações em torno dos dois crimes revelaram.

O primeiro foi Vantuil de Matos Lima. Dia 20 de novembro, ele foi encontrado morto, com onze tiros no corpo, num trecho especialmente deserto da avenida Sernambetiba, na Barra da Tijuca. O fato de ser ele um homem dado a conquistas (alto, forte, louro e de olhos verdes), de acordo com alguns depoimentos, fez com que os policiais encarregados de investigar o crime dirigissem imediatamente suas suspeitas para os maridos ultrajados. Catorze dias depois, a apenas quinhentos metros do local onde Vantuil fora assassinado, a polícia achou Almir da Silva Rodrigues. Com cinco balas no corpo, segurando na mão crispada um chumaço de cabelos de mulher, ele sussurrou, quando um policial levantou sua cabeça da poça d'água onde caíra: "Foi Lourdes quem atirou em mim".

No hospital, antes de morrer, e perante dois médicos, Almir da Silva Rodrigues contou esta história: Lourdes era Maria de Lourdes Leite de Oliveira, uma jovem aluna da UEG com quem ele namorara e que ainda o perseguia. No dia em que foi baleado, ela telefonou várias vezes para ele em seu emprego (fato confirmado, depois, pelos colegas de Almir que atenderam ao telefone) e marcou um encontro no posto de gasolina da Shell, na praça Cruz Vermelha. Lá ela o apanhou em seu carro, e os dois foram para a Barra da Tijuca. Na avenida Sernambetiba, dentro do carro estacionado, os dois tiveram uma discussão (Almir não esclareceu o motivo): Lourdes desceu do carro, esperou que ele descesse, e então lhe deu o primeiro tiro. Almir avançou sobre ela e chegou a lhe arrancar um punhado de cabelos. Foi quando um homem desceu de outro carro, estacionado do outro lado da rua, atravessou correndo e lhe deu mais quatro tiros.

Lourdes e seu noivo, o engenheiro Vanderlei Gonçalves Quintão, após uma série de depoimentos na 16ª DP, foram indiciados no inquérito que apura a morte de Almir. Mas o caso Vantuil permaneceu um mistério, até que amigos destes compareceram à polícia para informar que ele também fora namorado de Lourdes.

A essa altura, vale a pena fazer um retrato "psicossocial" dos três personagens. Lourdes, filha de uma família em franca ascensão — em cinco anos a moça mudou-se do bairro de Fátima para a Zona Sul, passou pelo funil do vestibular e hoje é aluna de engenharia cartográfica da UEG, e comprou um Volkswagen —, é a típica garota de Ipanema: bronzeadíssima, magra, longos cabelos negros, olhos que alguém fatalmente diria "de mormaço", o jeitão--padrão de falar, de fumar, de se comportar, das moças de sua classe. Vantuil, técnico de TV, cuja missão principal nas lojas onde trabalhava — a julgar pelos depoimentos de seus ex-colegas — era atrair, com seus olhos verdes e seus ombros atléticos, freguesas incautas. Homem de muitas mulheres (ainda segundo os colegas), mais por insistência delas que por seu próprio esforço, ele era odiado por muitos homens.

Almir da Silva Rodrigues: na rua Jorge Rudge, em Vila Isabel, onde ele morava, são todos unânimes: era um excelente rapaz. Motorista de táxi, como o pai, mas empenhado em "subir na vida", ele se apresentou a Lourdes como estudante de medicina. E talvez numa tentativa de transformar a mentira num fato, fez vestibular e foi reprovado. Quando o mataram, ele estudava havia onze meses no curso ADN, e neste começo de ano ia tentar mais uma vez o vestibular.

Um romancista dos anos 30 usaria esses personagens e suas motivações para compor, à perfeição, uma verdadeira *tragédia americana*: Lourdes, jovem da classe B com pretensões a A, não se sabe por que estranhos mecanismos, tinha uma reveladora preferência por rapazes da classe C. Mas estes, a certa altura de sua vida, se tornavam incômodos. E aqui, o romancista, como o velho repórter policial, não resistira à tentação de pôr a "Messalina da UEG" a maquinar planos diabólicos para se livrar dos pobres amantes. Lourdes, uma assassina? Escudada no jogo de aparências que tipifica as jovens de sua classe, ela concedeu entrevista aos jornalistas, para apresentar sua versão do caso. Cercada pela mãe, uma irmã e um advogado, um cigarro discretamente preso entre os dedos, sem maquilagem, as pernas displicentemente cruzadas, um tom agressivo na voz a disfarçar uma certa insegurança. Lourdes situou bem os dois assassinados: Vantuil era "apenas um técnico de TV", para quem ela, por uma questão de bondade, arranjava trabalhos. Quanto a Almir, chegou a namorar com ele, sim, pois pensou que fosse realmente universitário. Mas rompeu o namoro ao descobrir que ele mentira. Para ela, o homem que a acusara de homicídio não passava de um "amoral, mentiroso e sem caráter".

É verdade que há vários depoimentos contra ela. Mas Lourdes também é capaz de situar as pessoas que a polícia arregimentou como testemunhas: todas saídas da mesma classe C a que pertenciam os assassinados são, segundo ela, pessoas "capazes de tudo para ter nome e retratos nos jornais". Capazes de tudo, realmente, pois estas pessoas — um ex-patrão e dois ex-colegas de Vantuil; dois funcionários do posto Shell da Cruz Vermelha, onde a moça ficou muito conhecida, no tempo em que morou no bairro de Fátima; Maria Cláudia de Matos Lima, a viúva do técnico de TV; e Bárbara Teixeira, uma vizinha de Almir —, em locais e horas diferentes, contaram histórias que se encaixam à perfeição, e não há, em seus depoimentos, uma só contradição.

A partir desses depoimentos, é possível levantar esta história: Lourdes conheceu Vantuil numa loja de consertos de TV, na avenida Gomes Freire, em 1971. E em pouco tempo afastou do local todas as mulheres que perseguiam o rapaz. Para isso, ela usou de um expediente: ficava na loja desde as nove horas, quando ela abria, até as dezoito horas, quando fechava (saía apenas para ir almoçar, e depois, para ir à escola). E então saía com Vantuil no velho DKW que este possuía. Wilson de Castro, dono da loja, disse à polícia que a permanência da moça no local era "constrangedora", mas que ele a aceitava porque Vantuil era um ótimo empregado.

Quanto a Almir, segundo Bárbara Teixeira, a certa altura do namoro começou a evitar Maria de Lourdes. Mas ela telefonava diariamente para a sua casa (Bárbara é vizinha da família de Almir) e deixava recados — geralmente marcando encontros — que a moça transmitia. E quando Almir lhe pediu que não mais anotasse os recados, Lourdes passou a usar outro estratagema. Ia de táxi até a casa do rapaz. Lá, ficava dentro do carro e pedia que o motorista fosse chamá-lo.

A história de Lourdes e seus namorados tem outros detalhes que incluem passagens por hotéis da Barra da Tijuca (e que não teriam importância, não fosse o fato de ela negá-los com veemência). E sofre uma radical transformação a partir do instante em que ela conheceu Vanderlei Soares Quintão, engenheiro de promissor futuro no Observatório Nacional e que certamente a influenciou na escolha do curso universitário (engenharia cartográfica). Indiciado, como Lourdes, no inquérito que apura a morte de Almir, Vanderlei tem sido mantido discretamente à parte do noticiário (ele, segundo a polícia, seria o homem que estava no outro carro e que desceu para dar mais quatro tiros no rapaz), cuja tendência é dividir claramente os personagens dessa atormentada história: de um lado, os moradores de uma vila da Zona Norte, os empregados de um posto de gasolina e de uma loja de consertos de televisão, na Lapa; do outro, a bela, bem-falante e promissora universitária Lourdes, uma garota de Ipanema, *comme il faut*.

140

Uma sepultura para Araceli*

Uma das características dos crimes que envolvem pessoas muito ricas, como o de Araceli, morta em Vitória em 1973, é a complexidade. Elas nunca têm motivos para matar e a polícia parece ter motivos para não investigar

MOVIMENTO, 14 DE JULHO DE 1975

1 — Sexta-feira, 18 de maio de 1973, em Vitória do Espírito Santo. Às 16h30, Araceli Cabrera Crespo, nove anos, filha de Gabriel e Lola Cabrera Crespo, sai do Colégio São Pedro, usando uniforme — saia e blusa azul-claros, com as iniciais SP no bolso —, mas não faz o trajeto de sempre, que leva à sua casa, no bairro

---

* Em 18 de maio de 1973, Araceli saiu mais cedo da escola e nunca mais foi vista. Os terríveis detalhes do caso lhe renderam enorme visibilidade: raptada, drogada e estuprada, a menina foi encontrada quase uma semana depois, o corpo em estado avançado de decomposição. Entre os suspeitos, de um lado, gente muito rica e poderosa; de outro, um negro pobre e desequilibrado mentalmente. Como ingrediente final da tragédia, a morte de um sargento que acompanhava o caso. Dois anos depois, em julho de 1975, o julgamento do caso mobilizaria mais uma vez todo o país. Aguinaldo Silva escreveu para o *Movimento* sua apuração e análise dos fatos. Ao fim, os acusados foram julgados e absolvidos, e o processo, arquivado. Foi em homenagem a Araceli que 18 de maio passou a ser o Dia Nacional de Combate ao Abuso Sexual contra Crianças.

de Fátima. Nos seis dias seguintes, todas as hipóteses sobre seu desaparecimento serão levantadas, mas a equipe escalada pelo superintendente da Polícia Civil Gilberto Barros Faria para apurar todas elas não levantará uma só pista.

2 — Quinta-feira, 24 de maio de 1973, num matagal próximo ao Hospital Infantil, na praia Comprida, ainda em Vitória: Ronaldo de Almeida Monjardim, quinze anos, encontra o corpo de uma menina semidescarnado e em estado de decomposição. O cadáver é reconhecido por Gabriel Cabrera Crespo: é sua filha Araceli. Ela fora intoxicada, surrada, violentada e morta, e tivera o corpo desnudo banhado por alguma substância química, que (a palavra foi usada por um policial) *roera* toda a carne.

3 — Quarta-feira, 2 de julho de 1975: numa geladeira do Instituto Médico Legal, em Vitória, 769 dias após sua trágica morte, o corpo de Araceli Cabrera Crespo, nove anos, permanece insepulto, pois é necessário para a elucidação do crime. Mas há, pela primeira vez, vagas esperanças de que todos os envolvidos no caso possam — cada um à sua maneira — descansar em paz: na Assembleia Legislativa do Estado, naquele dia, uma Comissão Parlamentar de Inquérito chegara a uma dupla conclusão, após mais de um mês de exaustiva tomada de depoimentos e de enfrentar uma oposição que nem sempre foi velada: primeiro, houve omissão da polícia local, interessada em manter distantes de suas investigações os reais assassinos, "figuras de prestígio, filhos de famílias importantes do Estado". Segundo, caberia a essa polícia provar, numa retomada do caso, o que ficou patente durante os trabalhos da CPI (convocada apenas para investigar as denúncias de omissão policial): o milionário Paulo Helal e sua amante, Marisley Fernandes, seriam os matadores de Araceli; e outro milionário, Dante Micheline Júnior, estaria de alguma maneira envolvido no caso.

SE É GENTE DE DINHEIRO É MELHOR NÃO INVESTIGAR

Uma das características dos crimes praticados por pessoas como Helal e Micheline é a complexidade. Eles nunca têm motivos imediatos (como os latrocínios, por exemplo), envolvem sempre grupos e interesses e os experientes detetives das Delegacias de Homicídios sabem disso, quando identificam um desses crimes com uma frase sumária — "o criminoso é gente de dinheiro": durante a fase de investigações, esse envolvimento se espraiará de tal forma que, em certo instante, o inquérito parecerá o inventário das culpas de todo o grupo social ao qual o criminoso pertence.

Quando o corpo de Araceli Cabrera Crespo foi finalmente achado, um experiente detetive da Delegacia de Homicídios de Vitória certamente murmurou que o criminoso era gente de dinheiro. Ele estava, ali, diante de um crime absurdo e totalmente injustificado. Uma menina sequestrada à porta do colégio, violentada, surrada, drogada até a morte, tivera seu corpo mergulhado numa substância química qualquer, com o claro objetivo de evitar a identificação e tumultuar o trabalho dos que a procuravam. Uma providência requintada, portanto, e impossível para o criminoso que seria apontado, meses depois, pelo superintendente de Polícia Civil: "um negro demente, que dorme nas areias da praia do Suá".

E não só os experientes detetives da DH souberam o que havia por trás daquele crime desde o primeiro instante. Também os velhos repórteres policiais farejaram no ar o impasse a que o caso Araceli os levaria. E providenciaram para que, nas semanas seguintes — enquanto a polícia se dividia e ia de encontro às sólidas paredes por trás das quais se protegiam os culpados —, seus jornais, mesmo sem mergulhar até o fundo nas questões que o caso suscitava, vendessem mais e mais aos espantados habitantes de Vitória, todos em busca de uma informação que só dois anos depois lhes seria dada de modo oficial (embora ela pudesse ser obtida, ao longo de todo esse tempo, em cada esquina da cidade): os nomes dos matadores de Araceli.

O noticiário em torno do caso fez com que a ele fosse acrescentada uma comparsaria inesperada. Um exemplo: o então governador do Espírito Santo, Arthur Gerhardt dos Santos, tratou de receber d. Lola, a mãe da menina, e num encontro fartamente fotografado prometeu-lhe providências.

Também fartamente fotografado em seus encontros com a imprensa, o superintendente de Polícia Civil, Gilberto Barros de Faria, dava contas das investigações. O caso, um mês depois que acharam o corpo de Araceli, parecia caminhar para um desfecho, que o próprio Gilberto Barros Faria anunciou, na noite de 2 de julho, para o dia seguinte: "A notícia estarrecerá a sociedade capixaba", ele prometeu. Já então se sabia que alguém, num Mustang branco, atraíra Araceli à saída do colégio; que este Mustang branco pertencia a Paulo Helal, rapaz rico e conhecido na cidade por suas estrepolias; e que, no festim durante o qual a menina fora sacrificada, havia pelo menos mais um participante: Dante Michelini Júnior, outro rapaz rico.

Na noite do dia 1º de julho de 1973, Dante Michelini, pai de um dos suspeitos, rico exportador de café e portador de uma carteira de policial, procurou o superintendente da Polícia Civil Gilberto Barros de Faria para uma longa conversa em seu gabinete, em Vitória. Segundo declarou depois o motorista de Dante, Bertoldo Lima, ele usava, na ocasião, uma peruca e um bigode postiço. O que os dois conversaram não se sabe, mas no dia seguinte a imprensa, reunida para ouvir do superintendente a notícia que estarreceria a sociedade capixaba, recebeu uma informação sumária: "Quem matou Araceli foi um negro demente, que dorme nas areias da praia do Suá".

O SARGENTO INVESTIGA, MAS MORRE COM UM TIRO NAS COSTAS

Por que Dante Michelini usava disfarce quando foi conversar com Gilberto Barros de Faria? O que fez com que este sonegasse a informação que estarreceria a sociedade capixaba, transferindo a culpa para o pobre negro demente da praia do Suá? Por que Constanteen Helal, o pai de Paulo, não foi ouvido? O que motivou o boato, que correu por toda a cidade, de que do Palácio do Governo, onde estava Henrique Pretti, vice-governador e primo de Helal, partira uma ordem para que a família Helal não fosse envolvida no caso Araceli? E por que acabou sendo indicado para dirigir as investigações um policial, o capitão Manoel Araújo, cujas ligações com Dante Michelini eram notórias?

Essas perguntas, o sargento da PM José Homero Dias certamente se fez. Impressionado com o mistério que desceu sobre o caso Araceli, ele resolvera investigar o crime por conta própria e nos últimos dias de novembro chegou a anunciar a alguns colegas policiais que já dispunha de provas suficientes para pôr na cadeia os criminosos. Mas José Homero Dias não pôde expor essas provas. Indicado para uma diligência, no dia 29 de novembro de 1973, ele recebeu uma bala nas costas, durante o tiroteio com uma quadrilha de delinquentes. Um desses delinquentes, José Paulo Barbosa, o Paulinho Boca Negra, acusado de ter disparado o tiro que o matou e já condenado por esse crime, repete para quem quiser ouvir, na penitenciária de Vitória:

— Quem matou o sargento Homero foi Jair Oliveira Garcia, um soldado da PM que estava com ele durante a diligência. Eu vi quando Jair atirou no sargento, pelas costas e à queima-roupa.

Ninguém levou em conta a acusação de Paulinho e nem esta evidência: ele foi preso com um revólver Rossi calibre 32. A arma que matou o sargento Homero era um Taurus 38.

A preocupação em encerrar de vez o caso Araceli, que a imprensa insistia em manter nas primeiras páginas, levou o capitão Manoel Araújo a arranjar outro criminoso, já que o negro demente da praia do Suá nem chegou a ser encontrado. O escolhido foi Fortunato Piccin, jovem viciado em drogas, ligado à família Michelini e que morreu em consequência de uma overdose, num hospital da Santa Casa de Misericórdia (da qual Constanteen Helal é provedor). Araújo encontrou, na casa de Piccin, "pedaços do uniforme colegial da pequena Araceli". Mas o perito carioca Carlos Éboli, chamado para examinar o tecido, não só constatou que ele não pertencera ao uniforme de Araceli como acabou apontando a loja em que o tecido fora comprado, atraindo para si a ira dos policiais ocupados com o caso: a partir daí, todas as portas se fecharam para [...]

Éboli só voltaria a se ocupar do caso em junho deste ano, quando o deputado Clério Falcão, do MDB, que se apresenta como "mulato, ex-favelado e carregador de malas no porto de Vitória", conseguiu a formação da Comissão Parlamentar de Inquérito para apurar a omissão policial no caso Araceli, então transformado num inconsistente processo de cinco volumes e muitas contradições. Na verdade, a essa altura, ao próprio perito cabia fazer acusações: os quatro rolos de filmes com as fotos da perícia que ele fizera desapareceram misteriosamente, nos corredores da polícia de Vitória. E sua última ida à cidade para investigar o caso, a convite do juiz Waldir Vitral, encontrou forte resistência: "Nem o superintendente da polícia quis me receber".

Com Araceli insepulta, com os nomes dos seus criminosos sendo repetidos, dois anos depois e em voz baixa, em cada esquina de Vitória, a CPI começou seus tumultuados trabalhos. Na praça em frente à Assembleia duas facções pareciam empenhadas em manifestar aos deputados, de alguma forma velada, seu interesse pelo caso: de um lado, a multidão que se comprimia à espera de que entrassem os depoentes; de outro, em seus vistosos carrões de descarga envenenada, os amigos de Helal e Michelini.

Com a tarefa de constatar a omissão policial no caso, a CPI foi além, como informa em seu relatório: a simples análise dos depoimentos evidencia a culpa de Helal, a participação confessa de Marisley no caso e o envolvimento de Michelini. Mas a Assembleia Legislativa não pode transformar suas conclusões num inquérito e enviá-lo à Justiça: essa é uma tarefa da polícia. O novo secretário de Segurança, coronel Kirval Samborjense, reconheceu em abril: "Foi feito um exame minucioso do processo, falhas foram encontradas, mas agora o processo tem planejamento". Mas essa foi a última informação que se teve sobre o caso, na área policial. Desde então, a ameaça de punição a quem prestar informações à imprensa fez com que todos os policiais silenciassem sobre o assunto. Assim, é possível que a menina Araceli — ao contrário da culpa de seus matadores — permaneça, simbolicamente, insepulta.

As denúncias de violência e corrupção policial foram uma constante nos textos de Aguinaldo Silva — abusos, vícios, tortura, descaso, falta de qualificação e treinamento são apenas algumas das questões que abordou em suas matérias. Nesta segunda sequência de textos, Aguinaldo trata do surgimento dos "grupos de elite" de combate ao crime dentro da instituição policial, traçando um perfil de seus integrantes (principalmente dos policiais Mariel Mariscot e Nélson Duarte) e modos de atuação.

Pobres Homens de Ouro*

A missão era mergulhar no mundo do crime
e destruí-lo. Mas como voltar à superfície?

A REVISTA DO HOMEM, SETEMBRO DE 1975

Em 1973, o então secretário de Segurança da Guanabara, Antônio Faustino da Costa, anunciou a compra de uma arma especial "para o combate ao crime": uma potente espingarda calibre 12, encomendada à fábrica Rossi, do Rio Grande do Sul. Dotada de dois canos que podiam disparar isolada ou simultaneamente, essa arma tinha um poder de fogo capaz de fazer parar um carro em fuga, de amputar qualquer parte do corpo humano e até mesmo arrancar a porta de um Volkswagen.

A adoção de armas especiais como essa foi várias vezes incluída entre as tentativas de superar o atraso técnico em que se encontrava a polícia no Brasil. Algumas vezes essas armas especiais eram homens — os chamados grupos de elite. E nessas ocasiões ficou provado que o atraso não era apenas técnico, mas havia, igualmente, absoluta carência de material humano.

---

* Com "Pobres Homens de Ouro", Aguinaldo Silva ganhou o 1º Prêmio Abril de Jornalismo de 1977, na categoria Melhor Reportagem Individual.

Quando o grupo de elite denominado "Doze Homens de Ouro" foi criado, no segundo semestre de 1969, pelo general Luís França de Oliveira, chefe de polícia da Guanabara, os repórteres dos jornais de oitenta centavos (os chamados jornais "populares") respiraram aliviados: a julgar pelos nomes escolhidos, o grupo lhes garantiria, nos anos seguintes, farto material para as manchetes policiais. Lá estavam, entre outros, Mariel Mariscot de Matos, um ex-guarda civil cuja virtude principal era o exibicionismo; Nélson Duarte da Silva, o autodenominado "Paladino da Luta contra os Tóxicos"; Euclides Nascimento e José Guilherme Godinho Ferreira, o "Sivuca", dois ex-companheiros do legendário Milton Le Cocq, de cuja turma saiu a formação inicial do depois confuso — e nacional — Esquadrão da Morte; Humberto Matos, um homem versátil o bastante para cuidar, durante o dia, dos 35 mil frangos de sua granja e à noite perseguir, com seus colaboradores, os homossexuais que frequentam o centro do Rio; e Lincoln Monteiro, um homem solitário, misto, segundo os jornais, de James Bond e Antônio das Mortes, e cujas confusas relações com os traficantes acabariam por levá-lo ao internamento numa clínica para viciados em tóxicos.

Varrer o crime: foi essa a tarefa que o chefe de polícia estabeleceu para os Onze Homens de Ouro, numa reunião em seu gabinete cujo caráter secreto foi quebrado mal os onze se viram na antessala. E o que os jornais publicaram no dia seguinte sobre a formação do novo grupo de elite e a primeira missão que lhe foi atribuída — a caça ao delinquente Renatinho — permitiu que os leitores não tivessem dúvidas sobre os métodos a serem utilizados pelos onze: antes que os jornais com o relato da reunião chegassem às bancas, Renatinho já havia sido executado a tiros de .45.

É verdade que o começo dos Onze Homens de Ouro não teve apenas ação, mas incluiu, também, palavras. E uma análise do que se disse no período de formação do grupo, e do que se fez depois, permite uma profunda meditação sobre o fenômeno das promessas não cumpridas. Ao criá-los oficialmente, por exemplo, na célebre reunião secreta que depois foi detalhadamente divulgada — cada Homem de Ouro tinha um eficiente serviço de relações públicas —, o chefe de polícia lhes fez uma advertência: "Vocês vão combater o crime na Guanabara agindo rigorosamente dentro da lei. Não admito nenhuma arbitrariedade contra bandido indefeso. Ele tem que ser preso para ser julgado pela Justiça. Em caso de mortes durante um tiroteio, vocês terão que comparecer à delegacia mais próxima para prestar depoimentos."

E, contam os jornais da época, "os policiais concordaram com o lema do general Luís França. Depois que acabou a reunião, fizeram um pacto de honra: os bandidos serão presos vivos; só morrerá quem resistir à prisão e atirar na polícia".

Essa decisão de prender bandidos vivos resultaria, nos anos seguintes, numa contradição. Os fiéis leitores de jornais como O Dia e Notícias Populares sabem que dificilmente um delinquente, sozinho, enfrenta um grupo de policiais armados, pois há uma regra no confuso relacionamento entre agentes da lei e delinquentes que diz o seguinte: "Bandido que atira em polícia não merece viver". Pois essa tradição de o delinquente depor a arma e botar as mãos em cima da cabeça ao se ver diante de um grupo de policiais foi inteiramente quebrada quando os Homens de Ouro entraram em ação. De repente — e sempre de acordo com as histórias que os policiais contavam —, os bandidos passaram a resistir desesperadamente, a atirar com todas as armas de que dispunham, e de modo tão perigoso que aos agentes não restava outro caminho senão responder aos tiros. E aí ocorria outra coincidência: embora atirassem tanto, os delinquentes perdiam todas as balas, enquanto os policiais, ao contrário, não erravam um tiro.

É verdade que essa coincidência provocou alguns murmúrios, principalmente nos corredores dos tribunais, onde promotores e juízes viam, na execução sumária de delinquentes, uma "interferência na área da Justiça". A eles, Euclides Nascimento (1,69 metro, cem quilos de peso) dedicou, durante uma de suas muitas entrevistas, à época, um resumo do que denominava a sua "filosofia":

"Quando travo tiroteio com um bandido, fico receoso de que haja um empate ou vá morrer. Por isso prefiro a antecipação e atiro com muita pontaria. Nesses momentos, penso em Le Cocq, que sempre dizia 'entre matar ou morrer, é preferível viver'."

A longa lista de bandidos executados pelos Homens de Ouro e a repercussão em torno dessas execuções serviram, em poucos meses, para que eles atingissem a condição de mitos. Tornaram-se uma espécie de "relações-públicas" da Secretaria de Segurança Pública, tantas vezes eram procurados pelos jornais para falar em nome da polícia. E alguns deles já emitiam conceitos muito pessoais sobre como livrar as grandes cidades dos criminosos, numa demonstração patente de que o assunto se tornara uma especialidade do grupo:

"Para limpar a cidade não existe nenhum mistério. O negócio é trabalhar, fazer levantamentos dos locais de maiores incidências criminais, rondas constantes, e renovar o quadro de informantes, pagando-lhes melhor. Depois é só sair para a caçada e encher as prisões com os bandidos mais perigosos. Se houver reação da parte deles, estarei preparado para enfrentá-los com minha mascote, uma pistola Brauner nove milímetros" (João Guilherme Godinho Ferreira, o Sivuca, 39 anos e primeiranista de direito, à época. Casado, 1,84 metro de altura, noventa quilos, campeão de judô e caratê).

Ao serem formados, os Homens de Ouro mereceram não apenas fama e prestígio, mas também a possibilidade de agirem como um corpo isolado dentro da polícia. Para isso, tinha direito, cada um, a munição à vontade, um Volkswagen e uma Rural Willys, além de número suficiente de chapas frias. Dentro do confuso organograma da polícia carioca, eles passaram a obedecer a apenas um chefe: o próprio secretário de Segurança, com quem se reuniam periodicamente. E essa quebra de hierarquia (Mariel Mariscot, por exemplo, era apenas um ex-guarda civil, cujo poder se tornara maior que o de delegados) fez com que surgissem os primeiros inimigos do grupo dentro do corpo policial.

Em 1971, pouco mais de um ano após a formação do grupo, e apesar do seu trabalho que muitos diriam *positivo* (dezenas de delinquentes executados sumariamente), já se começava a questionar a eficácia dos Homens de Ouro, e isso na própria área policial. A primeira acusação ao grupo foi velada: "excessiva autoridade, logo transformada em arbitrariedade". Ela surgiu ao mesmo tempo que as primeiras reações da Justiça às atividades do chamado Esquadrão da Morte (seção carioca). A segunda acusação, consequência da primeira, só tomou forma dois anos após a criação do grupo: a excessiva autoridade, logo transformada em arbitrariedade, levara os Homens de Ouro a uma escalada em direção aos crimes contra a pessoa e o patrimônio.

Para se ter uma ideia das tentações a que os Onze Homens de Ouro estavam submetidos é preciso raciocinar sobre a polícia em termos atuais, e depois adaptar esse raciocínio à época em que eles pontificavam. Um delegado no Rio chega a receber 14 mil cruzeiros mensais, com direitos e vantagens, mas só há sessenta vagas para eles. Os comissários, que efetivamente substituem os delegados e fazem o trabalho destes, ganham muito menos — apenas 4,4 mil cruzeiros. No escalão inferior, o mais bem remunerado é o detetive inspetor A, que ganha 3,2 mil cruzeiros (no auge da fama, antes de cair em desgraça e após 22 anos de polícia, Nélson Duarte atingiu esse posto). E o que ganha menos é o agente de Polícia Judiciária, o chamado "apejota", que geralmente executa as missões mais arriscadas e ganha apenas 1,2 mil cruzeiros, com tempo integral.

Imagine-se agora Mariel Mariscot, aos 24 anos, subitamente alçado à condição de mito e com prestígio e poder inquestionáveis, a ganhar apenas 1,2 mil cruzeiros e, se quisesse ser honesto, tendo que viver apenas com este dinheiro. E leia-se, a esse propósito, trecho de matéria publicada em maio de 1975 em jornal carioca sobre o que impede o funcionamento da polícia:

> Nos escalões mais baixos, dos apejotas e detetives, entre outros, a regra é a de que o policial que deseja se manter honesto tem que complementar o seu salário com um trabalho extra. A maioria, segundo o consenso dos próprios policiais, não resiste à conjugação das dificuldades de dinheiro e as oportunidades, e acaba descambando para a corrupção, o achaque, ou o que é pior: a conivência com criminosos, assaltantes, traficantes de tóxicos e contraventores.

(Complete-se a citação com um exemplo: na 23ª Vara Criminal, no Rio, corre um processo em que um dos principais traficantes de tóxicos da cidade, Mílton Gonçalves Tiago, o Cabeção, acusa 33 policiais que, em troca de suborno, lhe davam proteção e até executavam missões que ele determinava. Um desses policias é Lincoln Monteiro, ex-Homem de Ouro.)

A burocracia emperrada e a carência de material são dois problemas básicos da polícia nas grandes cidades em nosso país. Mas há um terceiro problema, e essa política de baixos salários, além da falta de qualificação, levam a ele: é a falta de renovação. Em 1973, após dez anos sem dar qualquer possibilidade de acesso às suas equipes, a Secretaria de Segurança Pública da Guanabara realizou um concurso que permitiu o ingresso de noventa novos comissários na carreira. Mas um levantamento recente demonstra que a maioria desses novos comissários já abandonou a polícia, atraídos por melhores oportunidades. Quanto à falta de qualificação entre os que permanecem na carreira, ela é tão evidente que a Academia de Polícia, em seus cursos de aperfeiçoamento, não consegue aprovar mais de dez por cento de cada turma.

Volte-se agora aos idos de 1971, e ao fim da época dourada dos Homens de Ouro. Naquele ano, um deles, Mariel Mariscot de Matos, após uma sequência de crimes em torno dos quais — como a desafiar a Justiça — semeara muitas provas, foi preso e fugiu. E por causa dele, as dúvidas em torno da eficácia e da honestidade do grupo de elite puderam ser levantadas. Em dezembro de 1972, a notícia surgiu discretamente nos jornais: uma Comissão Geral de Investigações estaria investigando o comportamento de cinco Homens de Ouro que, valendo-se de privilégios imunizadores, praticavam crimes contra a pessoa e o patrimônio.

O presidente da Comissão, coronel Paulo César de Freitas Coutinho, procurado à época pelos jornalistas, não confirmou nem desmentiu a natureza do seu trabalho. Mas o comissário Paulo Coelho, assistente do superintendente de Polícia Judiciária, acabou por admiti-la, ao corrigir a minuta de um ofício a respeito, reclamando contra o que chamou "erro de datilografia": "Não são apenas cinco os acusados, mas sim os onze".

Nessa fase de declínio do grupo de elite criado pelo general Luís França de Oliveira, dois homens se destacam por representarem, cada um a seu modo, o que havia de mais negativo no material humano arregimentado pela polícia: Mariel Mariscot de Matos e Nélson Duarte da Silva. Há diferenças fundamentais, no entanto, no modo como os dois se dividiram entre a lei e o crime. Enquanto o primeiro chegou a ser visto, na avenida Prado Júnior, em Copacabana, em franco diálogo com os ladrões de automóveis e traficantes de drogas a quem executaria meses depois (os próprios colegas de Polícia, quando ele foi demitido, se dividiam: uns chamavam-no de "herói" e outros, de "marginal"), Nélson Duarte, ao contrário, era um homem que sempre soube até onde podia chegar sem romper com as normas nem sempre inflexíveis do "estabelecido".

Policial do ano, cidadão benemérito, paladino da luta contra os tóxicos, comendador, "estrela" de um quadro do *Programa Flávio Cavalcanti* ("Polícia às Suas Ordens"), Nélson, ao ser indicado para o grupo de elite, fez uma confidência aos repórteres: nunca saíra, antes, para caçar bandidos. Realmente, sua especialidade era a prisão de estelionatários, falsificadores de uísque e rapazes de classe A viciados em tóxicos. E, em torno dessas diligências que fazia, seus amigos jornalistas criavam um clima cujo efeito principal era encobrir a fase final de cada uma delas: os estelionatários presos fugiam misteriosamente, os jovens viciados acabavam internados numa clínica de Miguel Pereira (da qual, descobriu-se depois, o policial era agenciador) e os falsários eram subitamente liberados após alguns dias de prisão e interrogatórios que Nélson, sozinho, conduzia.

Nélson Duarte caiu afinal em desgraça em novembro de 1972. Então, Helena Ferreira, Michel Nicole e Guglielmo Casalini, presos pelo Dops carioca como membros da organização internacional denominada União Corsa, depondo em ocasiões diferentes, contaram a mesma história: em janeiro daquele ano, Lucien Sarti, um traficante de heroína, detido por Nélson após uma denúncia anônima, pagou ao "paladino da luta contra os tóxicos" 40 mil dólares pela liberdade. Entrevistado num dos corredores da Delegacia de Defraudações a propósito dessa denúncia, um policial que ingressara na Secretaria de Segurança Pública, 22 anos antes, na mesma turma de Nélson, comentou:

"É, o Nélson sempre foi muito esforçado. Veja você, a gente recebe o mesmo salário: 1,4 mil cruzeiros mais uma gratificação de duzentos cruzeiros. Eu moro numa casa alugada, em Bangu. Mas ele tem mansão, carros, sítio com piscina de água quente e fria, e até um tanque com viveiro de lagostas e camarões."

A primeira denúncia contra Nélson Duarte resultou no surgimento de dezenas outras. E o tema principal de todas elas era a extorsão. Quase dois anos após a queda de Mariel (acusado de chefiar o famigerado bando que deu na praça carioca o golpe dos traveler's checks, e, ainda, de ter executado os ladrões de automóveis Nélson Mena Soares, Aguinaldo Ferreira da Silva, Carlos Alberto dos Santos, Oldair de Andrade Lima e Josias Vieira Taraves), a revelação de que Nélson Duarte era um mistificador, perto do qual os falsários a quem prendia não passavam de principiantes, levou a Secretaria de Segurança Pública da então Guanabara a extinguir, com a discrição que lhe foi possível, o seu grupo de elite.

Mas a extinção dos Onze Homens de Ouro não bastou para anular a imagem negativa do grupo. Seria preciso mais, nos anos seguintes, como provam os inquéritos, investigações sigilosas, processos e julgamentos que eles enfrentaram. Se Mariel e Nélson Duarte — não apenas pela importância dos seus crimes, mas também pelo exibicionismo comum aos dois — concentrariam sobre si a nefanda história do grupo, o fato é que, nos anos seguintes, apenas dois Homens de Ouro — Jaime de Lima e Nils Kaufman — conseguiriam se manter bem na polícia, superando inclusive a péssima fama que o grupo lhes deixara como herança.

É verdade que a maioria ainda hoje circula pelos corredores das delegacias, mas já sem o prestígio de antigamente. Além de Mariel Mariscot — condenado a oito anos de reclusão no primeiro dos muitos processos a que responde —, hoje confinado à Ilha Grande, onde, diz dramaticamente seu advogado, "divide uma cela com meia dúzia de bandidos a quem prendeu", e de Nélson Duarte, condenado no primeiro processo por extorsão, e com direito a recorrer em liberdade, outros Homens de Ouro se veem em situações inglórias.

José Guilherme Godinho Ferreira, por exemplo, já não tem como utilizar sua famosa pontaria, nem seus mortais golpes de caratê, pois se encontra apenas "encostado" na Delegacia de Roubos e Furtos; Hélio Guaíba, após uma investigação sigilosa que enfrentou, por enriquecimento ilícito, acabou merecendo o que seus colegas policiais denominam uma "humilhante colher de chá": ocupa uma função burocrática no Departamento Estadual de Trânsito; Aníbal Beckman, o Cartola (cinco processos por execução de delinquentes), está à disposição da Corregedoria de Justiça, repartição que na gíria policial é conhecida como "geladeira"; Lincoln Monteiro estava lotado na Delegacia de Vigilância-Sul, onde apenas assinava ponto, quando estourou o escândalo do envolvimento de policiais com traficantes de tóxicos. Seu nome foi o mais citado, em dezenas de depoimentos realizados para esclarecer o caso. Não é visto há muito tempo, e dizem nos corredores das delegacias que estaria internado numa clínica; e Euclides Nascimento, após misteriosos acontecimentos relacionados com o contrabando na área de Angra dos Reis, deixou de ser visto nas delegacias onde assinava ponto.

Aparentemente livres do estigma dos Homens de Ouro, restam Nils Kaufman (delegado substituto do bairro do Catete) e Jaime de Lima (chefe do Setor de Vigilância na Delegacia de Pilares). Vigmar Ribeiro, o décimo homem do grupo, ocupa uma função burocrática na delegacia regional da Polícia Federal, no Rio.

O décimo primeiro Homem de Ouro, Humberto Matos, dono de um sítio de 1,2 mil metros quadrados no subúrbio carioca de Santa Cruz, que lhe rende anualmente cerca de 800 mil cruzeiros, foi o último a cair no ostracismo. Até abril deste ano ele comandava, com grande sucesso junto à imprensa, a Delegacia de Vigilância-Norte, mais conhecida como a Invernada de Olaria. Os numerosos casos de que era protagonista (o último: mandou interromper o enterro de dois bandidos — um deles já fora sepultado — e exibiu os cadáveres na delegacia, em seus respectivos caixões, até que seus superiores o obrigaram a permitir o enterro), se mereciam um tratamento carinhoso por parte de alguns jornalistas que costumavam fazer uma estranha fila à porta do seu gabinete, todas as sextas-feiras, acabaram por irritar os escalões mais altos da polícia: o novo secretário de Segurança o transferiu para a mais remota delegacia do Rio de Janeiro, a do subúrbio de Campo Grande.

A ideia de criação dos Homens de Ouro não foi sequer original. Onze anos antes, em 1958, o então chefe de polícia, Amauri Kruel, compôs uma equipe especial para combater o crime. Dessa primeira turma, de cujas premissas resultou a "filosofia" que, anos depois, permitiria a existência do Esquadrão da Morte, já faziam parte Jaime de Lima, Lincoln Monteiro, Sivuca, Cartola, Hélio Guaíba e Euclides Nascimento. E quem os chefiava era o legendário Mílton Le Cocq, cuja morte (fuzilado pelo bandido Cara de Cavalo) resultou na criação de um dos mais estranhos clubes do país: a Scuderie Le Cocq, cuja função principal é manter, em torno do policial, uma aura mística.

Sediada num casarão do Andaraí (um bairro carioca estritamente familiar), a Scuderie Le Cocq tem à porta um curioso letreiro de acrílico luminoso: ladeando seu nome, de um lado, as iniciais E. M., e do outro, o desenho de duas tíbias cruzadas, encimadas por uma caveira. Na rua arborizada e mal iluminada à noite, esse letreiro brilha sinistramente. "E. M. significa 'Esquadrão Motorizado'", costumava dizer ambiguamente Euclides Nascimento, ex-Homem de Ouro e presidente do clube (foi substituído recentemente por um delegado, Hélio Fiuza de Lima). Ambiguidade perigosa, em se tratando de um clube de policiais onde os "civis" têm acesso apenas como uma honraria (uma espécie de reconhecimento, por parte dos associados, de que os "civis" às vezes podem ser policiais).

Em franca expansão, como indica o seu boletim mensal, O Gringo (apelido do finado Le Cocq), a Scuderie, além das atribuições comuns a um clube social, tem outras, das quais cuida com a maior competência. Uma delas: manter a boa imagem dos associados mais ilustres, mesmo quando eles estão às voltas com a Justiça. Outra: transformar-se progressivamente numa espécie de "museu vivo", onde as lendas são forjadas de acordo com a imaginação dos seus próprios personagens.

Nesse museu vivo, as figuras dos Homens de Ouro há muito garantiram o seu lugar, amparados pelas ideias que permitiram o

162

surgimento de bandos iguais aos deles. Basta ler nas entrelinhas de *O Gringo* ("Somos 9 milhões de policiais, neste país", diz um editorial) para saber que eles, embora no ostracismo, têm certeza de uma coisa: haverá sempre ocasiões em que aquilo a que eles chamam de "sociedade" precisará convocar grupos de elite para protegê-la.

O cidadão Nélson Duarte

OPINIÃO, 20 A 27 DE NOVEMBRO DE 1972

Vinte e dois anos de carreira política ensinaram ao detetive Nélson Duarte que "toda denúncia é boa, é um gesto louvável em quaisquer circunstâncias". Neste quase meio século de peregrinação por distritos e delegacias cariocas, da distante Vila Kosmos ao sofisticado Leblon, ele se especializou em recebê-las. Desde as anônimas, que aprendeu a respeitar e investigar, às que já vinham com endereço certo.

Uma dessas denúncias, no entanto, como um autêntico "tiro pela culatra" — expressão bem ao gosto do policial que transformou uma metralhadora INA em sua inseparável companheira —, acabaria por fazê-lo cair em desgraça: Helena Ferreira, Michel Nicole e Guglielmo Casalini, presos pelo Dops carioca e depondo em ocasiões diferentes, contaram a mesma história: em janeiro deste ano Lucien Sarti, detido por Nélson Duarte após uma denúncia anônima, pagou ao "paladino da luta contra os tóxicos" 40 mil dólares pela liberdade.

Louváveis ou não, as circunstâncias que cercaram mais essa denúncia contra o detetive — existem várias outras, acumuladas (e arquivadas) ao longo dos seus 22 anos de ação, todas menos graves — tinham requintes de humor negro. Para os dois ou três jornais cariocas em cujas equipes não formam os tradicionais "velhos amigos" do detetive Lucien Sarti, o homem que em janeiro festejou sua liberdade com um jantar regado a vinho francês no "Degrau" — uma espécie de festa íntima cujo único convidado foi o homem que o prendeu — era apenas o número 1 da União Corsa para a América Latina, procurado em vários países. "Lui" era sempre procurado pelo mesmo crime que Nélson Duarte tanto apregoava combater: o tráfico de drogas (em maio, num encontro com policiais mexicanos, Sarti teve menos sorte, ou menos dólares: foi metralhado e morreu).

Nos últimos cinco anos, dois policiais cariocas se destacaram no noticiário dos jornais. O primeiro foi Mariel Mariscot de Matos, hoje foragido da Justiça. O segundo foi Nélson Duarte da Silva, agora acusado de receber 40 mil dólares de suborno. Uma coincidência: os dois formavam entre os Doze Homens de Ouro, tropa de elite criada pela Secretaria de Segurança cuja finalidade principal, o combate aos marginais, acabou desvirtuada — nove deles foram responsabilizados pelos crimes do Esquadrão da Morte. Menos certa quanto ao rijo metal em que são forjados seus homens, a Secretaria de Segurança criou, para substituir os homens de ouro, uma elite mais discreta — os Onze Meninos de Aço, comandados pelo detetive Fernando Gargaglione e contra os quais, até agora, não há nenhuma acusação grave.

Compadre de Mariel Mariscot, amigo de Nélson Duarte, Amado Ribeiro, velho repórter policial, tem uma opinião sobre o segundo que, a essa altura dos inquéritos, é pouco dignificante para a polícia brasileira:

"Inteligente, autoditada, de relativa cultura, de origem humilde e com força de vontade de um escoteiro, este homem risonho e de olhos brilhantes simboliza o policial brasileiro ideal."

Para a maioria dos homens que começaram junto com Nélson na polícia há 22 anos, essa opinião de Amado Ribeiro é um insulto. Um deles, nos corredores da Delegacia de Defraudações, comentava, logo após a divulgação da denúncia contra o colega, que os dois recebiam o mesmo salário — 1,4 mil cruzeiros, mais uma gratificação de duzentos cruzeiros:

"Vinte e dois anos depois, eu moro numa casa alugada, em Bangu. Nélson tem mansão, carros e sítio."

Se os crimes de que agora é acusado o detetive Nélson Duarte compensaram ou não o esforço de simulação que foi praticá-los, é questão de ser resolvida pelas autoridades competentes. O que ninguém pode negar é que, além das compensações mais palpáveis — mansão, carros, sítio, piscina de água quente e fria, tanque com viveiro de lagostas e camarões —, ele recebeu outras que seus colegas policiais nunca sonharam merecer: foi escolhido o Policial do Ano pela imprensa em 1964, 65, 66, 70; recebeu da Câmara dos Deputados carioca a Medalha de Fidelidade ao Estado e o título de Cidadão Benemérito, e possui uma coleção de quase trinta medalhas de ouro, prata, bronze — todas enaltecendo seus méritos de policial desportista e "homem de sociedade". Isso além do que, até alguns meses atrás, era o troféu máximo: o título de comendador e a grã-cruz do mérito da Legião de Honra Marechal Rondon, entidade cujos títulos e comendas foram cassados pelo presidente Médici.

Os que pensam que o primeiro "ato ilegal" de Nélson Duarte foi a invasão da casa de Luís de Oliveira Bermudes — do que resultou um processo contra ele em 1965 — não conhecem a atribulada vida do "maior caçador de bandidos, orientador e recuperador de viciados que o país já conheceu" (as palavras são dele). Aos sete anos de idade enfrentou o primeiro "processo sumário": roubou quatrocentos réis da empregada e, comprovada a sua culpa, foi imediatamente castigado — levou uma surra do pai, velho policial que, ao longo de sua vida, repetiu para o filho um conselho que este, ao que parece, não levou em conta: "Nunca ultrapasse os limites que sua mão não alcança".

Antes dos vinte anos, um primeiro contato com a tragédia: uma namoradinha de dezesseis anos tomou formicida porque ele acabou com o namoro. Aos 21 anos, em 1950, começava a carreira do policial Nélson Duarte, e sua escalada rumo à condição de mito. Ainda há quem lembre a primeira prisão por ele efetuada em 1951, no Largo do Machado, numa operação de tamanho aparato que lhe garantiu o nome em todos os jornais ("Tenho até os recortes lá em casa", ele diz hoje).

Nos doze primeiros anos o destaque foi difícil, havia dezenas de outros policiais ambiciosos como ele. A partir de 1962, no entanto, uma amizade até hoje não justificada com Flávio Cavalcanti lhe garantiu a fama: Nélson estreava na TV, no então *Noite de Gala*, fazendo o quadro — "Polícia às Suas Ordens" — que Flávio manteve fielmente ao longo de todos esses anos, fazendo-o sobreviver às mudanças de canal e às quedas do Ibope. Era a glória, a ascensão definitiva. Nos anos seguintes, além de amealhar bens, apenas uma modificação no seu trabalho: especialista em invadir casas e escritórios de agiotas, aos quais ameaçava com os rigores da lei; passou a aproveitar os rigores da lei antitóxicos e a invadir, também, casas e escritórios de supostos viciados.

Na televisão, ele empunha a metralhadora e exibe sua infalível pontaria, ou apresenta a Flávio Cavalcanti — que sempre assume nessas ocasiões um ar de nojo — bandidos incorrigíveis. Os cabelos lisos e fixos sob a camada de brilhantina, o bigode cuidadosamente aparado, as costeletas finas apontando o rosto rigorosamente barbeado, os ternos bem talhados (são 24: um branco, os outros escuros), o grosso cordão de ouro com várias medalhas, o relógio dourado e reluzente chuveiro com algumas dezenas de brilhantes no dedo são apenas acessórios na figura mítica que Flávio Cavalcanti impôs aos seus fiéis telespectadores. Como toda pessoa que não consegue esconder uma certa tendência ao exibicionismo, Nélson aprendeu, ao longo da vida, lições dignas de um ator profissional: tem perfeitas noções de pausas, de impostação de voz, é capaz de mudanças imprevisíveis de tom, possui uma máscara que sabe manejar no melhor estilo Anthony Quinn e, o que é essencial num ator durante tanto tempo em evidência, faz de cada entrada ou saída sua um verdadeiro acontecimento. Principalmente se essas entradas ou saídas são num apartamento alheio, a altas horas e a cano de metralhadora.

Certa vez, um repórter, ainda que discretamente, salientou essa sua condição de "ator, e pronto". Resposta de Nélson Duarte: "Olha: muita gente já me convidou para trabalhar no cinema. Muita gente mesmo. A revista *Sétimo Céu*, por exemplo, aquela de fotonovelas de amor, me fez uma proposta para aparecer numa fotonovela. Mas não dá ainda. Talvez eu faça a fotonovela porque é um trabalho mais leve: como já faço televisão. Tudo atendendo ao interesse da coletividade do povo, da jurisdição em que trabalho." (Nélson não chegou a fazer a fotonovela, mas acabou como colunista em outra revista da empresa: *Fatos e Fotos*. O assunto sobre o qual ele escrevia é agora uma piada: tóxicos.)

* * *

As provas de sua constante evidência, ele expõe sempre em seu gabinete de trabalho (até a semana passada, quando foi afastado, era uma vasta sala na 14ª DP, no Leblon, com cortinas e poltronas): fotos em que aparece quase sempre empunhando sua INA, ameaçando bandidos que — como nos policiais classe B de Hollywood — nunca estão diante da câmera: de frente, de perfil, com a metralhadora, rodeado pelos seus colaboradores, com o chapéu negligentemente caído sobre os olhos, à porta de barracos, de pé sobre muros, correndo em pleno ar, executando perfeitos saltos mortais ou acrobacias imprevisíveis, as fotos contam o que ele considera a fascinante história de sua vida, e não esquecem nem mesmo o último papel por ele vivido: o de "paladino da luta contra os tóxicos". Nélson em vestiários esportivos, a conversar com saudáveis atletas; em colégios, a responder aflitas interrogações de estudantes, Nélson sob os aplausos de ciosos pais aos quais acabou de ensinar como vigiar os filhos. E — com o destaque que um ator daria à foto em que estivesse recebendo um Oscar — Nélson comendador.

O almirante Luís Lima Marinho divulgou, em novembro de 1971, um documento no qual explica por que decidiu transformar Nélson Duarte no primeiro policial do país "a ingressar na Legião de Honra Marechal Rondon e a receber a comenda e a grã-cruz do mérito". Fala dos métodos que ele emprega para erradicar o vício e o tráfico dos entorpecentes: comenta sua origem modesta e sua longa folha de serviços "sem a menor mácula". Em nenhum momento, no entanto, se refere ao cheque de 2 mil cruzeiros que o detetive entregou à Legião dois dias antes de receber a comenda, a título de "doação". O cheque de Nélson, anexado aos de todos os outros agraciados, foi razão suficiente para que o presidente Médici mandasse fechar a entidade.

Como o astro que soube ser nestes doze anos, o detetive Nélson Duarte colheu muitas compensações. Uma delas é um sítio-mansão em Jacarepaguá. Outra é a sua casa à rua Jerônimo Lemos, 113, Vila Isabel, que um decorador profissional transformou num ambiente muito de acordo com o dono, e no qual destoa apenas um detalhe: as coleções de livros encadernados que, em casas alheias, o policial se apressaria em apreender — os longos cabelos, as roupas exóticas, os discos de música pop e os livros são, para ele, sinais infalíveis da presença de entorpecentes num apartamento. E, nesse sentido, seu faro é tão delicado que, na invasão do Instituto Villa Lobos, em maio de 1971, ele conseguiu perceber no banheiro das moças, entre os muitos odores típicos do local, um que o afeta particularmente: "cheiro de maconha".

Na 14ª DP, antes do seu afastamento, num gabinete profusamente decorado, Nélson Duarte representava o ponto máximo de sua carreira: os telefones tocam a todo instante. "São pais, mães, vizinhos, pessoas aflitas", ele comenta para os auxiliares. Um repórter entra, e ocorre uma daquelas súbitas mudanças de tom: os pés sobre uma gaveta entreaberta, um "ar de intimidade", ele se dirige pelo telefone ao seu interlocutor a quem chama de "general". Lamenta não poder comparecer à Vila Militar para visitá-lo por estar muito ocupado. "Está certo, general, disponha sempre." Olha o efeito de suas palavras na plateia que é o solitário repórter e desliga o telefone satisfeito. Aventura ainda um comentário impublicável sobre o fato de ser tão frequentemente incomodado.

Na sala ao lado, o que ele chama de "fiel amigo": o delegado Raul Lopes de Faria, que sempre fez questão de ter junto a si Nélson Duarte nas muitas delegacias por onde passou e que sempre assumiu, nas frequentes acusações contra o detetive, o papel de seu principal defensor. Depois que o Dops divulgou a denúncia dos mafiosos contra Duarte, o delegado convocou a imprensa e garantiu a honra e a integridade do seu mais próximo auxiliar (os velhos policiais se apressam em dizer que isto não significa uma participação de Raul Lopes de Faria nos "possíveis lucros" de Nélson. O que une os dois é apenas uma sólida amizade de famílias).

Outro que declarou, e diante de milhares de telespectadores, que por Nélson Duarte "poria a mão no fogo" foi Flávio Cavalcanti. Mas isso foi antes que as autoridades proibissem qualquer menção ao detetive em seu programa.

Afastado da delegacia, posto à disposição da Corregedoria de Justiça — que os policiais chamam de "museu" e "geladeira", e onde permanecem esquecidos policiais antes famosos como ele (Deraldo Padilha é um deles) —, Nélson Duarte, com o desenvolvimento do processo de suborno, pode se transformar naquele incômodo astro de Hollywood cuja vida íntima fora dos padrões é prejudicial ao estúdio que o sustenta. Então, é possível que os *big shots* que até uma semana atrás o defendiam resolvam colocá-lo definitivamente fora do ar com uma simples e definitiva frase: "Nossos comerciais, por favor".

"Ringo" Mariel & as forças ocultas

"Sempre recebi dinheiro de mãos caridosas. Mas sou um cara muito ingrato. Costumo esquecer o nome e o endereço das pessoas que me enviam dinheiro." "Ringo" Mariel — Com Aroldo Machado

OPINIÃO, 19 A 26 DE MARÇO DE 1973

Todos os analistas do fenômeno Mariel Mariscot, desde Amado Ribeiro (seu assessor de imprensa) aos justiceiros editorialistas do *Jornal do Brasil*, cometem, em relação a ele, um grave erro: tentam julgá-lo de acordo com os padrões ditos "normais" de conduta. Talvez, por isso, quem melhor escreveu sobre o policial-bandido foi o editor de pesquisas de *O Globo*: ao chamá-lo de "exibicionista", lembrou que nele existe "uma só coerência: a de procurar sempre a notoriedade, por meios que um especialista talvez qualificasse de paranoicos".

Esses traços de paranoia já existiam no rapaz queimado de sol que, em 1963, fazia as provas para entrar na Polícia de Vigilância. O bronzeado era por conta do cargo de guarda-vidas que então ocupava na Secretaria de Saúde, e o ímpeto com que se atirava às provas ele retirara dos filmes de Hércules e Maciste, dos quais era admirador desde sua adolescência, no bairro carioca de Bangu. O ímpeto não bastou para destacá-lo entre os muitos candidatos.

Mesmo assim, no dia 10 de março de 1964, Mariel Mariscot de Matos era nomeado Polícia de Vigilância.

OS HOMENS DE OURO

Parece que suas carreiras de policial e de bandido começaram no mesmo dia. Líder de uma turma formada pelos policiais José Carlos Tavares, o Carlinhos, César dos Santos e Luís Carlos da Silva, o Tigrão, já então bem longe de Bangu — sua área de atuação era a Prado Júnior e os arredores da Galeria Alaska —, Mariel, policial, começou a cobrar taxas para dar proteção aos inferninhos de Copacabana. Neles conheceu igualmente as mulheres e homossexuais que depois trabalhariam para ele no grande golpe dos traveler's checks (um dos seus processos) e os jornalistas que, em troca dos seus favores, o transformariam nas páginas policiais no "Ringo" invencível e galante. Em 1968, Mariel executava suas primeiras vítimas. Uma delas, Arlindo Rodrigues Coelho, foi morto em Botafogo porque "assaltava um motorista de táxi e reagiu à voz de prisão". A outra, Sílvio Mexicano, não se sabe se morreu ou não, já que seu corpo nunca foi encontrado. Mas sua família contou na polícia os fatos que antecederam o desaparecimento: a pretexto de evitar que Sílvio fosse preso, Mariel extorquiu dinheiro de todos eles. "Quando o dinheiro acabou, Sílvio sumiu."

No ano em que Mariel estreou como matador começaram os crimes do Esquadrão da Morte: o momento histórico foi o encontro do cadáver do puxador de automóveis Sérgio Gordinho tendo sobre seu corpo crivado de balas um cartaz com o emblema da caveira. Nas mãos havia marcas evidentes de algemas e em torno do pescoço estava o fio de nylon, indícios que seriam encontrados depois em dezenas de cadáveres.

A morte de Sérgio marcou o início de uma série de execuções. As vítimas eram sempre ladrões de automóveis e falsários,
e não bandidos realmente perigosos. Os jornais, sempre longe
da verdade, insistiam: os policiais integrantes do Esquadrão
tinham apenas uma noção errada do que era seu dever, queriam
responder à violência com a violência etc. Só alguns anos depois,
Lúcio Flávio Vilar Lírio e Fernando Gomes de Carvalho, o C.O.,
dariam, na Justiça, a versão sobre os crimes do Esquadrão na qual
ninguém ousou acreditar: os puxadores de automóveis e falsários
eram executados porque se recusavam a deixar de trabalhar por
conta própria para trabalhar para os policiais que os executavam.

De crime em crime, Mariel queimou etapas na polícia. Passou
para a Força Policial, integrou a Guarda Civil e chegou a agente de
Polícia Judiciária em 1970 (nesse ano ele fez curso para detetive
e foi aprovado, mas nunca chegou a ser nomeado). Um ano antes,
o general Luís França de Oliveira, então secretário de Segurança,
resolveu criar um grupo de elite para combater a delinquência, ao
qual deu nome pomposo de os Doze Homens de Ouro. O décimo
segundo, por uma mágica cujos ingredientes até hoje ninguém
conhece, era Mariel, colocado ao lado de policiais de bem maior
experiência, como Lincoln Monteiro, Euclides Nascimento e
Nélson Duarte.

O Homem de Ouro Mariel, como policial de elite, obteve os
meios de conquistar definitivamente a notoriedade. Seu Fusca
envenenado cruzava as madrugadas de Copacabana, sempre es-
tacionando na porta dos inferninhos, com o policial no banco de
trás: quem o dirigia era o ladrão Valdomiro Gomes, o Cromado,
que fora uma espécie de presente dado pelo cantor Agnaldo
Timóteo ao seu amigo Ringo (antes, Cromado era o mais fiel
acompanhante do cantor). Seu exibicionismo atinge então o
auge: Mariel é o boa-pinta, o policial galante, o conquistador de

mulheres famosas. Quando o travesti Rogéria era a "estrela" de Carlos Machado, ele o ia buscar todas as noites na porta do Fred's. Mariel e Rogéria eram vistos de mãos dadas nas madrugadas da Fiorentina. Depois, Darlene Glória, ajudada pela censura federal, substituiu o proibido Rogéria no show e tomou seu lugar no Fusca envenenado (a terceira mulher famosa do policial-bandido seria Elza de Castro, a Soninha Toda Pura).

O "RINGO" RAMÍREZ

Em 1970 os crimes do Esquadrão, pelos requintes de violência, provocariam uma onda de reações por todo o país e até fora dele. Reproduzidas na imprensa internacional, as fotos dos cadáveres — os *presuntos* — das vítimas macabramente adornados pela caveira-símbolo do grupo provocaram uma ruidosa e incômoda indignação. Levadas por coincidências sintomáticas — como a que envolve o delegado paulista Sérgio Fleury —, algumas publicações estrangeiras associavam os crimes do Esquadrão e seus autores ao assassinato de presos e ativistas políticos que o governo brasileiro fazia questão de negar — e isso trouxe um inevitável constrangimento para embaixadores e outras autoridades do Brasil.

Alheio a tudo isso, Mariel mataria os puxadores Nélson Mena Soares, Aguinaldo Silva, Carlos Alberto dos Santos, Oldair de Andrade Lima, o Jonas, e Josias Vieira Tavares. Num deles, o cartaz da caveira anunciava suas próximas vítimas: Lúcio Flávio Vilar Lírio e Fernando, C.O., então integrantes da quadrilha de ladrões de automóveis de maior sucesso no país e cujas famílias (vide depoimentos de d. Zulma Vilar Lírio) já pagavam a Mariel para que eles não fossem presos. Ainda em 1970, o secretário de Segurança foi obrigado a aplicar a primeira punição em Mariel

175

Mariscot: uma suspensão de trinta dias, quando ele já respondia a dezoito inquéritos. A suspensão foi providencial, na época em que estourou o escândalo dos cheques de viagem: prostitutas e homossexuais especializados no golpe do suadouro, presos, diziam roubar cheques de viagens de turistas cujas assinaturas eram depois falsificadas por Mariel e seu bando, num golpe que já rendera perto de 500 mil cruzeiros.

Já então Mariel era o Ringo, uma imagem criada e alimentada pelos jornalistas Amado Ribeiro e Oscar Cardoso. Seus feitos como policial eram poucos, mas a confusão que aqueles jornalistas criavam em torno dos seus crimes bastava para mantê-lo em evidência. E a evidência, tão bem alimentada, transformou-se num escândalo de tamanhas proporções que à polícia não restou outro caminho: em agosto de 1971, Mariel e seus cúmplices, José Carlos e Luís Carlos César, eram presos na Delegacia de Homicídios e enviados ao xadrez do Ponto Zero, em Benfica.

Demitido em outubro de 1971, "a bem do serviço público", Mariel deixava de ser policial para se tornar apenas bandido. "E (é o editorialista do *Jornal do Brasil* quem diz) da mesma forma, isto é, sem precisar de nenhuma coragem, valendo-se, isto sim, de aliados seus ainda alojados na polícia." Esses aliados o ajudaram a fugir do Ponto Zero, num episódio misterioso que rendeu um inquérito sigiloso e resultou em histórias fantásticas, sussurradas nas redações de jornais, incluindo personagens tidos como dignos do maior respeito.

Em suas andanças de dezessete meses por todo o Brasil, e mais pela Argentina, Bolívia, Paraguai e Uruguai, Mariel, sempre através de Amado Ribeiro e Oscar Cardoso, disse ter reunido provas sobre sua inocência. Mas o puxador de automóveis João Carlos Martins Castilho, preso no dia 19 de maio de 1971, em Foz do Iguaçu, contou em seu depoimento que Mariel e o investigador paulista Ademar Augusto de Oliveira, o Fininho, eram sócios na compra e venda de carros roubados em Assunção, no Paraguai. Castilho disse ter roubado mais de quarenta carros para a dupla, pelos quais Mariel pagava 1,5 mil cruzeiros, para depois vendê-los por 9 mil no Paraguai. Os carros iam até Foz do Iguaçu, atravessavam a Ponte da Amizade e eram entregues e ele em Puerto Stroessner. O dinheiro obtido com a venda dos carros — é ainda Castilho quem diz — servia para a compra de tóxico (cocaína) a ser vendido no Rio, São Paulo e Bahia, e fornecido gratuitamente aos que, em troca desse e outros favores, insistiam em promover e ajudar Mariel. A história de Castilho não foi levada em conta, mas, meses depois, outro investigador paulista, Paulo da Silva Matos, foi preso em Foz do Iguaçu quando tentava atravessar carros roubados para o Paraguai. Em seu depoimento ele contou suas ligações com Mariel e Fininho e acusou o chefe de polícia de Assunção, conhecido por Saldivar. Este recebia de Mariel 1,2 mil cruzeiros para regularizar a situação dos carros roubados e foi, possivelmente, quem lhe concedeu documentos paraguaios através dos quais o Ringo se transformou em Roberto Castro Ramírez, "comerciante em Juan Cabalero".

Numa de suas crises de exibicionismo, Mariel mencionou, em defesa própria, Pilatos, Júlio César e Cícero, que teriam sido, como ele, "vítimas de diabólicas forças ocultas". As mesmas forças ocultas são citadas num editorial do *Jornal da Tarde* sobre os crimes do Esquadrão da Morte. Elas dão o motivo às histórias que os jornalistas contam mas não publicam e correm de boca em boca nas redações dos jornais. As forças ocultas transformaram Mariel Mariscot numa indevassável caixinha de nefandos segredos durante todo o tempo em que deve estar a origem de todos os crimes, à raiz da qual brotam os muitos galhos em que este se subdivide: os puxadores e falsários mortos pelo Esquadrão de alguma maneira foram incômodos para elas. Quem são essas forças ocultas? Mariel sabe: "Durante minhas andanças pelo país, sempre recebi dinheiro de mãos caridosas. Ele amanhecia sob a porta do quarto onde eu estava hospedado. Mas acontece que sou um cara muito ingrato. Costumo esquecer o nome e o endereço das pessoas que me enviam dinheiro".

Pensar que Mariel era um dos chefes da espécie de máfia que tentava forçar puxadores e falsários a trabalhar para ele é simplesmente ingênuo.

Isolar Mariel, transformá-lo num caso à parte é outra ingenuidade. Enquanto ele ocupa todo o espaço reservado à polícia nos jornais, outro agente da Polícia Judiciária, Ademar Moreira da Fraga Filho, o Capoeira, pratica os mesmos crimes que o Ringo, com a vantagem de não possuir um assessor de imprensa que os torne evidentes demais. Capoeira já está com prisão preventiva decretada, mas continua indo aos lugares que costumam ir seus amigos policiais. Ele matou o puxador Rogério Ferreira Coutinho no dia 11 de dezembro de 1969 e há dois meses prendeu, matou e queimou o motorista de sua quadrilha, Ari Carneiro Pereira, na véspera do dia em que este teria que comparecer à polícia para depor contra ele.

"As coincidências são sintomáticas. O trabalho de sapa que vem sendo executado, para que o tempo amorteça o sentimento de horror das populações, apagando a lembrança dos que foram trucidados de joelhos, ou obrigados a abrir suas próprias covas, antes dos fuzilamentos, ou ainda enterrados vivos, pelos bandidos do Esquadrão da Morte, tem produzido os resultados esperados. Os jornais já não falam com tanta frequência no famigerado bando, nem aludem aos seus crimes, deixando em paz com suas consciências os promotores públicos e juízes de direito que também não se revelam muito interessados em lutar pela justiça" (*Jornal* da Tarde, 14/03/73). A quem interessa este trabalho de sapa? Às forças ocultas, naturalmente, mas quem são elas?

Durante muito tempo mantido nas manchetes por Amado Ribeiro e Oscar Cardoso, Mariel Mariscot, por uma ironia da sorte, foi substituído por Amado e Oscar no noticiário das páginas policiais, após sua prisão. O motivo? A carta em que os dois repórteres, num ato estranhamente terno e íntimo, relatam as dificuldades encontradas ao tentar extorquir dinheiro para o policial bandido: "Nem nós, com toda a força, banca, de páginas nas mãos, estamos sendo dignos de crédito. Daí, vamos sugerir a você o seguinte: manda algo credenciando o Carlinhos (escrivão da polícia e portador da carta) a fazer negócio para você. Com isso, nós faremos os contatos, ameaçaremos, faremos o impossível e mandamos o Carlinhos em cima do cara. Ele mostra o documento e está quebrada a desconfiança. [...] Outra coisa: aqui em *Última Hora* você passou a mandar e isso não é bom, se pensarmos que foi um dos jornais que mais te malhou. [...] E isso, Mariel, é o que os teus irmãos podem fazer, com toda a sinceridade e lealdade. O mais que você precisar é só mandar pedir. Estamos aqui para isso, para servir os amigos, que são poucos, muito poucos, talvez só você".

QUEM QUER PUNIR?

Quem são as pessoas a quem Amado, Oscar e o escrivão Antônio Carlos da Costa, o Carlinhos, iam ameaçar para obter dinheiro para Mariel? E por que especialmente essas pessoas? Na longa lista de perguntas a serem feitas, há até mesmo esta: por que o presidente do Sindicato dos Jornalistas da Guanabara, sr. José Machado, insiste em dizer que Amado e Oscar, ao escreverem essa carta tão comprometedora, "apenas cumpriam seu dever de repórteres"?

As tão citadas forças ocultas parecem transitar livremente pelos mais estranhos canais. Para os policiais, Mariel será sempre um colega, atualmente numa situação difícil, mas que merece um tratamento especial (é bom lembrar que ele foi preso pela Polícia Federal, embora a polícia carioca o procurasse). Para os jornalistas, a sua imagem será sempre a do Ringo galante, ou a do bandido, nunca a do paranoico cuja loucura foi manipulada por todas as forças, as ocultas e as menos ocultas, como as que Amado e Oscar integram. A muita gente interessa a impunidade de Mariel. Há alguém interessado em que ele seja punido? A estes últimos, fica a sugestão: no Banco Econômico da Bahia, em Salvador, o cidadão paraguaio Roberto Carlos Ramírez (Mariel) tinha uma conta na qual eram depositadas, periodicamente, ordens de pagamento saídas do Rio. A última delas, depositada pouco antes do Carnaval, foi de 3 mil cruzeiros. Quem as enviava pode muito bem explicar quem protege Mariel — e por quê.

No próximo bloco, foram reunidas reportagens que tratam da violência no dia a dia na cidade, principalmente contra o cidadão comum, pela polícia, pelo bandido e pelas próprias instituições de governo. A única exceção é o artigo que fecha este livro, selecionado justamente por ter sido o primeiro texto de Aguinaldo Silva publicado no Opinião — e tamanha foi sua repercussão que rendeu a ele espaço cativo nas páginas do jornal.

A soturna alegria

Como uma horda de extasiados senhores
desocupados pelo fim de semana linchou quatro
menores e conquistou a notoriedade para seu
bairro: o subúrbio carioca de Maria da Graça

OPINIÃO, 29 DE JANEIRO A 5 DE FEVEREIRO DE 1973

A temperatura andava por perto dos quarenta graus. Nas ruas
poeirentas de Maria da Graça, os homens se reuniam nas esquinas
— era sábado de tarde —, a maioria de bermudas e sem camisa,
alguns com o radinho de pilha à mão. As mulheres — como ainda
acontece nos subúrbios cariocas — àquela hora estavam recolhidas
às suas casas. Uns poucos privilegiados tinham ido à praia e toma-
do o caminho da Barra. A maioria, no entanto, ficava mesmo nas
esquinas, a aproveitar à larga o lazer suburbano: o não fazer nada.

Os gritos de "pega, ladrão" foram precedidos de um tiro. Os
homens que ocupavam as esquinas da rua Fernando Esquerdo
viram quando quatro garotos saíram da Padaria e Confeitaria Maria
da Graça, um deles empunhando um revólver ainda fumegante,
outro carregando trinta pacotes de cigarros que iam caindo pelo
caminho. Na padaria, os que chegaram primeiro encontraram
ferido outro garoto, Lindolfo Lima Alves, balconista, baleado
ao tentar impedir a ação dos pivetes. Era um assalto. E esse

acontecimento, no sábado mais ou menos vazio de Maria da Graça, foi encarado com a maior alegria pelos seus moradores, pois permitiu a prática de um esporte cada vez mais comum nos subúrbios cariocas: a caça ao assaltante, seguida do justiçamento em plena rua.

GENTE HUMILDE

Houve uma época em que os moradores de Maria da Graça — subúrbio carioca além do Méier, do qual depende — viviam bem mais próximos do centro da cidade. Espalhavam-se pelos pontos mais tranquilos da rua do Riachuelo e adjacências, ocupavam algumas transversais da Presidente Vargas, dividiam com núcleos da classe média trechos da Gamboa, da Harmonia e de São Cristóvão. Alguns privilegiados chegavam até a morar na Glória. Mas o crescimento da cidade e o implacável avanço das imobiliárias os afastaram cada vez mais do centro. Eles foram removidos para a Tijuca, o Grajaú, Andaraí e depois foi preciso ir ainda mais longe. Há uma geração atrás chegaram a Maria da Graça.

Embora crianças que nasceram lá hoje sejam homens — sem dúvida a maioria dos que participaram do linchamento do sábado, 20 —, o bairro ainda está em plena formação. E uma formação desordenada que inclui as ruas inacabadas, cobertas de poeira vermelha, os esgotos entupidos, o mato crescendo nos buracos das calçadas, as construções interrompidas pela metade e transformadas pelo tempo em esqueletos irreversíveis, um comércio incipiente e um serviço precário de transportes.

Mas o bairro já tem seu clube onde, nos sábados à noite, se dança ao som de fitas importadas — as mesmas que se escutam na Zona Sul — nos chamados "bailes da pesada". Tem a Padaria

Maria da Graça, que funciona como um velado centro comunitário onde, além do pão e da bolacha, se toma refrigerante e se bate um papo com os vizinhos e com seu proprietário, o português Joaquim Alves Gomes, que mora perto dali e é figura ilustre do bairro: já forneceu, se não aos que foram empurrados para lá pela explosão imobiliária, pelo menos aos que nasceram lá, os dados essenciais para uma precária teoria filosófica cuja premissa é "o bairro é nosso".

Essa filosofia, praticada com mais ou menos intensidade em todos os subúrbios cariocas — a maioria, como Maria da Graça, igualmente improvisados —, é que fez seus moradores reagirem com horror ao surgimento, nas proximidades do bairro, de um núcleo residencial da Cohab para o qual foram transferidos favelados da Zona Sul. Expulsos das zonas mais nobres da cidade há uma geração, os habitantes do local adaptaram-se rapidamente para sobreviver. E, ante os favelados, que na escalada da remoção foram na verdade os últimos a sair — resistiram até o fim em seus barracos pendurados às encostas dos morros —, reagiram como se, há uma geração atrás, não tivessem passado pelo mesmo processo.

"Eu já fui assaltado três vezes pelos pivetes, aqui em Maria da Graça. Eles atacam em bandos, depois fogem" (Manoel de Assis, motorista da Souza Cruz).

"Nossa briga é com o pessoal que veio da favela. Em Maria da Graça não havia problemas de assaltos, era tudo tranquilo até que eles chegaram" (Antônio Mendes, morador à rua Professor Bôscoli).

A BATALHA DO SÁBADO

Na quarta-feira, sempre diante da Padaria e Confeitaria Maria da Graça, o motorista do carro de entregas e o habitante do bairro respondiam indignados aos jornais que condenavam o massacre do sábado. Mas a verdade é que, levando em conta as palavras de Antônio Mendes, e a julgar pela batalha de sábado, os favelados estão sendo vencidos nessa guerra que se torna mais evidente nos fins de semana, quando os homens das duas facções, após uma semana inteira de trabalho, estão finalmente em casa.

Dos quatro menores que saíram correndo da padaria após o assalto, dois, C.A.S., dezesseis anos, e W.A.S., dezessete anos, não conseguiram ir muito longe. Cercados pela legião de homens de bermudas que apareceram aos gritos em todas as esquinas, eles foram agarrados. Cordas foram imediatamente providenciadas, e os dois, amarrados a um poste bem em frente à padaria. *O Jornal do Brasil* (21/01) conta o que aconteceu depois:

> O massacre era feito à distância, com pedras e, de perto, a socos, pontapés, pauladas e com chicotes improvisados com fios de arame fino. Decorridos alguns minutos de espancamento, C.A.S. e W.A.S., com os corpos sangrando, não gritavam nem se moviam mais. A tortura durou cerca de trinta minutos. Quando chegaram ao local policiais da 23ª DP, uma ambulância já havia recolhido os dois linchados.

Mas esse foi apenas o primeiro tempo do massacre. R.A.G., dezesseis anos, e A.A.M., dezessete anos, o primeiro com um inútil revólver numa das mãos, apavorados ante o destino reservado aos dois companheiros, embrenharam-se num matagal e buscaram refúgio num esgoto coberto de capim, onde foram localizados por cães pastores e PMs, a essa altura trabalhando em conjunto com a multidão. Na fuga desesperada eles conseguiram chegar à avenida Suburbana, 2361, onde acabaram cercados em cima de um telhado. De novo o *Jornal do Brasil*:

Ainda em cima do telhado da garagem, os menores foram espancados e a seguir atirados no solo, de uma altura de três metros. No chão, agarrados pelas pessoas que os cercavam, ambos também foram massacrados. R.A.G. foi o que mais sofreu com a pancadaria, pois, segundo moradores da rua Fernando Esquerdo, ele é que teria atirado em Lindolfo, o balconista da padaria.

A sessão de pancadaria prosseguiu, depois, na 21ª DP — ainda segundo o *Jornal do Brasil* — para onde os garotos foram levados.

No domingo, os jornais abriram suas colunas para noticiar os detalhes da batalha de Maria da Graça. E o resto da cidade reagiu com espanto, depois de procurar, nos mapas do Rio, onde exatamente fica esse lugar. Na segunda-feira, o juiz de Menores, Alírio Cavalieri, concedeu indignada entrevista e se desculpou com os repórteres: não podia apresentar os menores, que ainda convalesciam (até a sexta-feira, 26, os quatro menores eram mantidos a portas fechadas: dizia-se apenas que eles estavam em péssimo estado). E na terça-feira, o médico Benjamin Albagli, representando o Conselho de Defesa dos Direitos da Pessoa Humana, proclamava sua revolta ante o fato de que em nosso país pessoas fossem torturadas dessa maneira em plena via pública, sem que a polícia as protegesse. A polícia respondera ao médico na quarta-feira, na voz do cabo Rônei, da PM, que é visto duas vezes nas fotos do massacre: na primeira, aplica uma gravata num dos menores, sobre o telhado; na segunda, ainda no telhado, ele atira um deles sobre a multidão que espera, de braços erguidos, três metros abaixo. Disse o cabo Rônei que em momento algum permitiu o massacre dos menores: "Ao contrário, eu cheguei a apanhar tentando livrá-los da multidão". E acrescentou: "Os populares, furiosos, chegaram a tirar os menores do carro da polícia, e quando eu, um soldado, o comissário da 21ª e um homem da

Companhia de Cães conseguimos dominar a multidão, os menores já estavam quase em estado de coma".

A GUERRA CONTINUA

Naquela mesma noite, os vencedores da batalha de Maria da Graça relataram suas façanhas aos espantados olhos das menininhas nos rápidos intervalos de ensurdecedor iê-iê-iê, no clube do bairro. E, no domingo pela manhã, a Padaria e Confeitaria Maria da Graça abriu normalmente, com Lindolfo, o rapaz português por trás do balcão, a exibir orgulhoso suas futuras cicatrizes. Nas esquinas da rua Fernando Esquerdo, a paisagem era a mesma: os cidadãos, metidos em suas bermudas, enfrentavam o calor e se preparavam para, após o almoço com a cerveja do domingo (comprada, naturalmente, na padaria), ir até São Januário ver a apresentação de Dario, com a camisa do Flamengo.

Para o pessoal da favela igualmente era domingo. Mas muitos ostentavam no rosto o luto pela batalha perdida. Obrigados igualmente a consumir as mercadorias da Padaria e Confeitaria Maria da Graça, eles obtinham, naquela manhã especial, um tratamento brusco do jovem Lindolfo (mais ou menos o tratamento dispensado a um desgarrado habitante de Maria da Graça que entrasse no Rick-Lagoa e pedisse um "cachorro louco").

Joaquim Alves Gomes, o português da padaria, o dono da propriedade defendida a qualquer preço, ficou estrategicamente à margem das discussões (ele também não participou do massacre).

Mas, embora abafadas pelos rumores procedentes de Maria da Graça, outras notícias da guerra aos meninos que descem das favelas para assaltar foram ouvidas, em outros pontos da cidade: em plena avenida Rio Branco, na quarta-feira, L.E.C., dezesseis anos, após roubar a bolsa de uma senhora, foi derrubado por uma rasteira "não identificada" na esquina de rua Visconde de Inhaúma e espancado durante cinco minutos, até que dois soldados da PM resolveram levá-lo à 1ª Delegacia.

No mesmo dia, à noite, em Ramos, um Volkswagen vermelho saiu do prédio 465 da rua Cardoso de Morais, em Ramos, em perseguição aos pivetes A.S.S. e J.C.M.C., moradores do Morro do Alemão. No carro, além do motorista, havia outras pessoas — J.C. garante que até uma menina — e a perseguição prosseguiu por várias ruas. J.C. conseguiu fugir, mas A.S.S., já na rua Costa Mendes, cansado, bateu em vão nas portas e em vão pediu socorro nas janelas. Diante do número 11 ele foi afinal alcançado pelo carro que o atropelou duas vezes e depois, tranquilo, desapareceu na esquina mais próxima. Os jornais noticiaram o fato, mas os moradores do prédio 465 da rua Cardoso de Morais negam:

"Isso não pode ter acontecido. Aqui neste prédio ninguém possui um Volkswagen vermelho."

O crime do desemprego

OPINIÃO, 17 DE JUNHO DE 1974

Uma portaria da Secretaria de Segurança Pública da Guanabara, assinada em 1971, foi novamente publicada no boletim de serviço da SSP, dia 31 de maio, por ordem do superintendente de Polícia Judiciária, general Afonso Emília Sarmento. Nela, se recomenda "às autoridades e aos agentes policiais maior cautela na detenção de pessoas sem documento", ou, mais precisamente (*O Globo*, 5/06/74), "que deixem a gente humilde da cidade em paz, embora ocasionalmente sem documentos, e cuidem de obstar os assaltantes e os criminosos de toda espécie, geralmente recheados de (falsa) documentação".

A republicação da portaria da SSP parecia absolutamente necessária, já que, três anos após sua assinatura, continuava entre os policiais o costume de prender pessoas por infração ao artigo 59 da Lei das Contravenções Penais, ou seja, por "vadiagem", segundo o jargão usado nos corredores e salas de distritos. Sabe-se que a quase totalidade das prisões efetuadas no Rio tem por base esse "crime", para o qual os detetives exigem apenas uma prova — a não apresentação, pelo acusado, de carteira profissional assinada.

A insistência dos policiais em efetuar esse tipo de prisões considerado ilegal é justificada: elas contam pontos em suas carreiras e podem ser feitas às dezenas, em poucos minutos. Basta uma das costumeiras batidas na Central do Brasil às quatro horas, quando as pessoas que não possuem carteiras assinadas — biscateiros, empregados domésticos numa larga maioria — estão voltando para casa. A Delegacia de Vigilância-Centro, que fica apenas a trezentos metros da Central, na rua Marechal Floriano, por força dessa comodidade é a que tem seus policiais mais beneficiados na contagem de pontos: ela autua mensalmente 750 pessoas por vadiagem, contra 150 da Delegacia de Vigilância-Sul e outro tanto da DV-Norte.

Talvez por força desse sistema de contar pontos, a republicação da portaria de 1971 da SSP não significa que estará resolvido o problema da detenção de pessoas sem documentos. A recomendação dos comissários às turmas de ronda, nos distritos, para que se preocupem mais com os delinquentes e menos com os desocupados, é sistematicamente ignorada. E a insistência pode levar até a represálias: há alguns dias, na DV-Norte, três comissários — Campelo, Roberto e Ronaldo — foram transferidos para outro setor porque se recusaram a autuar indiscriminadamente pessoas presas por acusação de vadiagem.

Talvez para evitar esse tipo de castigo, um comissário da DV-Sul, Osmar Saraiva, faz questão de demonstrar sua opinião a respeito: "Nossas turmas de ronda têm ordens para prender qualquer pessoa sem documentos, ou que não possa provar ter um meio de subsistência". Saraiva diz que há uma equipe especial encarregada de verificar as informações dos detidos — o nome de um patrão que se recusa a assinar a carteira profissional etc.

—, mas parece que essa equipe trabalha muito lentamente: nos xadrezes abarrotados da delegacia, que fica no Leblon, a maioria absoluta dos detidos estava lá "para averiguação" — eram "suspeitos" de vadiagem.

O destino dos "vadios" é o Galpão da Quinta da Boa Vista, para onde também vão os estelionatários, bicheiros e viciados em tóxicos da classe média alta. Mas o Galpão pode receber apenas 250 deles por mês, enquanto as autuações sobem a mais de 1,5 mil. Com isso, os xadrezes das delegacias ficam permanentemente abarrotados. Centenas de presos numa mesma cela, não recebem visitas nem podem tomar banho de sol. E como os vadios, na escala do crime, são os menos perigosos dos "bandidos" (explica-se também por que os policiais preferem prendê-los), são eles, geralmente, as vítimas das violências — inclusive sexuais — dos outros presos.

No Galpão, a situação não melhora. Lá existe uma hierarquia segundo a qual o estelionatário não é exatamente um criminoso, e por isso merece regalias: o bicheiro compra as regalias: ao viciado em tóxicos cabe o tratamento comum nas prisões. Resta o vadio: cada um deles custa ao sistema penitenciário vinte cruzeiros por dia, apesar da "economia" com que são tratados: ficam em celas onde não há colchões ou lençóis, permanentemente fechados, sem direito a banho de sol ou a recreação. E qualquer privilégio lhes custa geralmente o que eles levavam quando foram presos — quase sempre, apenas a roupa do corpo: numa das saídas de presos do Galpão, identificam-se facilmente os vadios, pois eles saem descalços, sem camisa e alguns apenas de sunga — tudo o que vestiam deixaram lá dentro, numa tentativa de melhorar a própria situação.

Sim, porque os vadios geralmente saem do Galpão da Quinta em 35 ou quarenta dias, já que os juízes das Varas de Contravenções Penais, onde são julgados, costumam absolvê-los sistematicamente (a média nas Varas é de noventa absolvições em cada cem autuados), pois — dizem os juízes — eles costumam fazer prova de um meio de subsistência, mesmo sem carteira assinada.

Só que o biscateiro, o empregado doméstico, ao deixar o Galpão, após uma trágica passagem pelos xadrezes de uma Delegacia de Vigilância, já não é o mesmo (os comissários que se insurgem contra a insistência dos detetives em prender pessoas sem documentos dizem que essa é uma das causas do alto índice de criminalidade observado nos últimos tempos no Rio, "pois, ao se ver livre do xadrez, o homem procura se vingar da sociedade que o prendeu sem culpa" — um raciocínio menos simplista do que parece).

No sábado, dia 8, às cinco horas, houve a habitual soltura de presos no Galpão da Quinta, que fica à rua Bartolomeu de Gusmão, na Mangueira. À porta, os libertados eram recebidos por parentes e amigos (um chegou a abrir a porta de um Dodge Dart com as chaves que já trazia no bolso). Um rapaz alourado, apenas de calção, não tinha ninguém a esperá-lo à porta, no entanto: ele nem sequer saiu caminhando — mais apropriadamente esgueirou- -se — e fugiu sem uma palavra à nossa tentativa de abordagem (queríamos ouvir de um "vadio" sua opinião sobre a portaria da SSP). Na esquina, onde ele desapareceu no primeiro ônibus, o guarda de trânsito, que ali fica todos os dias, falou por ele: "É um vadio. Quando eles saem do Galpão, tratam de se afastar o mais rápido possível, porque às vezes o camburão (carro da polícia) já está aqui na esquina parado à espera, e os prende outra vez".

A exceção e a regra

OPINIÃO, 2 DE SETEMBRO DE 1974

Sábado, dia 17, 3h15. O ranger de pneus e os gritos acordaram Raimunda do Espírito Santo, moradora à rua das Rosas, em Vila de Cava, Nova Iguaçu. Ela chegou à janela a tempo de ver a cena brutal. Encostados a uma parede, mãos na cabeça, de costas para a rua, dois rapazes pediam clemência aos três policiais que apontavam suas metralhadoras para eles. Raimunda recuou, horrorizada, mas pela janela entrefechada testemunhou o fuzilamento. Os rapazes tombaram: um dos policiais foi até eles, iluminando-os com uma lanterna para conferir: estavam mortos. Os três correram, então, entraram no carro-patrulha em que tinham chegado e fugiram.

A cena, contada assim dois dias depois num jornal, emocionaria muitos leitores, entre eles o presidente Ernesto Geisel, que solicitaria, através do ministro da Justiça, ao governador do estado do Rio, providências para descobrir e punir os "perversos executores".

Parágrafos que se seguem, no jornal, à notícia do fuzilamento de Pedro Paulo da Silva, dezessete anos, e seu amigo até agora não identificado, na rua das Rosas:

Há mais dois corpos de executados no necrotério de Nova Iguaçu. Eles foram encontrados ontem, em Queimados. Um desconhecido avisou à polícia que, no leito do rio Abel, tinha um Volkswagen tombado e perto dele, dois cadáveres. A possibilidade de um acidente foi afastada quando a polícia chegou ao local: os dois mortos tinham na testa, cada um, uma marca de bala.

E no parágrafo seguinte:

Há um mês, Hildo da Silva, "maconheiro conhecido", segundo a polícia teria baleado na perna o detetive Messias, da 29ª DP. Ontem ele foi achado morto, com um tiro no peito, num terreno baldio da rua Monsenhor Inácio Silva, em Turiaçu. Perto dele, morto com três tiros, estava outro homem, identificado apenas como Nego, morador na Favela Vai-Quem-Quer. Hildo tinha no bolso 548 cruzeiros.

Rua das Rosas, em Vila de Cava, Nova Iguaçu, e suas vizinhas — das Acácias, das Violetas, das Camélias etc. — bem poderiam simbolizar o dilema em que vive grande parte da população da oitava cidade do país (1,2 milhão de habitantes, segundo os cálculos otimistas do seu prefeito): desprotegidos o bastante para não merecer a proteção policial (a subdelegacia de Vila Cava, sem carro ou telefone, é apenas um arremedo), eles descobrem que os assaltantes, de quem geralmente são as vítimas, são, quase sempre, rapazes saídos do seu próprio meio (há uma semana, três homens assaltaram um ônibus em Nova Iguaçu e arrecadaram, do cobrador e onze passageiros, um total de 191 cruzeiros). Esses rapazes, cujas limitações (ou necessidades) levam a repartir 191 cruzeiros arrecadados num assalto, são geralmente os executados de fins de semana na Baixada Fluminense, principalmente em Nova Iguaçu.

O bandido à revelia

Entrevista com "Branco", "inimigo público
número 1", a despeito de si mesmo
OPINIÃO, 31 DE JANEIRO DE 1975

A necessidade de vender jornais e a irresponsabilidade de alguns repórteres policiais justificou, no jornalismo carioca, uma prática comum até os anos 60: a *criação* de bandidos. Uma figura qualquer do submundo, por um determinado feito, era escolhida e promovida, sempre a partir de um apelido bombástico — Cara de Cavalo, Roma 45, Mineirinho — num crescendo facilitado pelos próprios policiais, e que fatalmente terminava — sempre com chamadas nas primeiras páginas — na execução do delinquente promovido a "inimigo público número 1".

Hoje, já não existe o bandido adulto e solitário cuja figura poderia ser facilmente apresentada como o exemplo típico das teorias lombrosianas, mas sim a horda de menores abandonados que ataca indiscriminada e loucamente. E certamente é difícil transformar uma criança em "inimigo público número 1", mesmo para um veterano repórter policial. Tanto que, nos últimos tempos, quando ocorrem crimes em série numa determinada jurisdição, a polícia atribui todos a Paraibinha — apelido que os policiais aplicam, indiscriminadamente, a todo preso de origem nordestina, fato que só revela, no máximo, um certo preconceito contra os imigrantes.

No último mês, alguns jornais retomaram (embora timidamente) o velho estilo, dispostos a fabricar um bandido cuja área de ação é ao redor da quadra de ensaios da Estação Primeira de Mangueira. Trata-se de Branco, cujo surgimento no mundo do crime foi comentado assim, pelo jornal *Última Hora*:

Nem um só tamborim comemorou o feriado em Mangueira (dia 20). Os poetas, os sambistas, os biriteiros, todos ficaram em suas casas e deixaram as ruas, vielas e escadarias vazias e silenciosas. Um mesmo medo domina e cala os milhares de moradores da Estação Primeira. À frente de um bando de vinte pivetes, o bandido Luís Sérgio Ferreira, o Branco, mantém firme o seu reinado de terror, possuindo até um radioescuta para controle dos carros policiais.

A meteórica carreira de Branco começou, na verdade, com a notícia de que um bando de rapazes da Zona Sul tinha sido assaltado à saída de um ensaio da Mangueira. Logo depois, espalhou-se o boato: assaltos ocorriam dentro da própria quadra e a escola era obrigada a pagar 5 mil cruzeiros por semana para que os bandidos permitissem a realização dos ensaios. O noticiário nos jornais teve uma consequência imediata: o esvaziamento dos ensaios da escola, cujo vice-presidente, Homero José dos Santos, tentou desmentir tudo:

"A Mangueira não paga nada a ninguém: essas notícias são falsas. Agora toda essa onda tem nos prejudicado na arrecadação da bilheteria."

Há alguém interessado em transformar Branco num bandido legendário? Duas pessoas se mostram particularmente espantadas com a súbita ascensão de Branco às manchetes das páginas policiais: ele próprio e o delegado Edgar Xavier de Matos, da 17ª DP, em cuja área ficam os morros da Mangueira, dos Telégrafos e da Candelária, onde Branco e seu bando, segundo o noticiário, agiram. Luís Sérgio Ferreira, o Branco, pediu por telefone (e conseguiu) um encontro com o repórter Dilson Behrends de *O Globo*, a quem contou sua vida, enumerou os crimes que cometeu — todos já objetos de inquérito — e anunciou sua intenção de entregar-se à polícia, com uma única condição: "Não quero ser *barbarizado*".

Nas fotos, ele aparece com um rádio portátil à mão (trata--se de um daqueles troféus tão cobiçados pelos operários em construção, e que a imaginação retorcida de um repórter policial transformou num "radioescuta"). Na entrevista, Branco, antes de tudo, mostrou uma carteira profissional, provando que até janeiro do ano passado trabalhava numa tecelagem:

"Um dia, ao sair de casa de madrugada para trabalhar, fui assaltado e baleado. Fiquei três meses no hospital. Quando voltei, os assaltantes tinham depredado minha casa e violentado minha mulher."

A partir daí, a narrativa de Luís Sérgio lembra em muitos pontos a velha história de Robin Hood. De posse de um *trezoitão* (revólver calibre .38), e ajudado por velhos amigos de infância do Morro da Mangueira, ele assumiu a vingança. Matou um dos que o assaltaram e feriu dois (preso uma vez, confessou os três crimes na 17ª DP e assinou os inquéritos). E ganhou novos inimigos — todos os moradores da Mangueira que, de uma maneira ou de outra, se exercitam para o crime.

Um jornal disse que Branco e seu bando cobram quinhentos cruzeiros de taxa de proteção às biroscas que funcionam no morro. Ele desmente, sorrindo: "Tem birosca que mal consegue apurar isso, aqui no morro, em uma semana". Na entrevista, Branco diz que não consegue entender por que lhe atribuem a culpa de tudo que acontece na Mangueira. Reclama que já não pode descer, há muito não vai a um cinema, e no final do campeonato nem sequer pôde ir ao Maracanã. Atualmente, só desce do morro uma vez por mês — "para receber o meu benefício de 290 cruzeiros no INPS". Vinte e seis anos, pai de três filhos — a última, Eliana, nasceu há quinze dias —, Luís Sérgio, provavelmente atrás da leitura dos jornais que agora o promovem, sabe muito bem o que lhe pode acontecer:

"Não me importo de pagar o que fiz e já assinei um homicídio e duas tentativas, nada mais. O resto é uma lenda que estão criando. Tenho medo de 'segurar essas descargas' (pagar pelos outros). Já sei que amanhã ou depois, se matarem um militar ou um policial na saída do ensaio da Mangueira, também vão dizer que fui eu, que nem apareço por lá."

E mais adiante:

"Nunca pensei em me apresentar à polícia porque tenho medo de ser *barbarizado*. E não quero de maneira nenhuma ter que pagar pelos crimes dos outros. Não vou assinar nada de ninguém. Talvez, se um dia alguém acreditar em mim, eu me sinta com garantias e me apresente à Justiça, mas só assim. Também não quero pagar os seis homicídios que estão atribuindo a mim."

Na 17ª DP, ainda perplexo com a súbita ascensão de Branco às manchetes, o delegado Edgar Xavier de Matos, convidado a comentar a entrevista do suposto delinquente, fez um comentário que certamente decepcionou alguns repórteres:

"Para nós ele é um cidadão como outro qualquer, contra o qual foram apresentadas algumas queixas que precisam ser esclarecidas."

O delegado desmentiu algumas declarações, atribuídas "aos policiais da 17ª DP", de que todo o efetivo da delegacia estava empenhado numa caçada a Branco, e frisou:

"Não temos nenhum interesse em fabricar bandidos nem matá--los. Apenas é nossa função limpar a área sob nosso controle. O nosso objetivo é dar tranquilidade, clima de segurança aos moradores de nossa jurisdição, e, no caso, também entram os morros em questão. Para isso, temos que tirar de lá os elementos nocivos, os marginais. Mas a coisa tem que ser feita dentro da lei, e com respeito a ela. Não admito que meus policiais matem ninguém, a não ser que seja estritamente para defender-se."

Há, portanto, contra Branco, na 17ª DP, apenas "vagas queixas", ainda não transformadas em inquéritos. Mas não é isso o que dizem os jornais ("Bando de Branco impõe lei do terror em todo o morro" — manchete da página policial do *Última Hora* do dia 21): um deles publica uma foto das vielas do Morro da Mangueira, enlameadas e absolutamente desertas sob a chuva torrencial do domingo, e informa na legenda: "Ninguém sai mais de casa na Mangueira, com medo de Branco". É evidente que Luís Sérgio Ferreira não tem condições de ser transformado, pelos jornais, num novo Mineirinho.

Se a polícia, pelos jornais, não resolver caçá-lo até o Carnaval — e se a história não terminar com um desfecho trágico e não programado, a sua morte —, o perigoso bandido Branco, após o dia 12 de fevereiro, será provavelmente esquecido e abandonado, como uma máscara que se usou intensamente durante os quatro dias de folia.

Os crimes da Baixada Fluminense

MOVIMENTO, 18 DE AGOSTO DE 1975

A polícia costuma dizer que os homicídios ocorridos na Baixada Fluminense são praticados por delinquentes, mas não se tem certeza, pois as pistas nunca são examinadas até o fim. Um padre de São João de Meriti me disse que alguém viu um carro da polícia jogar dois corpos na estrada. Mas ninguém fala nada, pois a polícia causa medo à população. Essa declaração, de dom Adriano Hipólito, bispo de Nova Iguaçu, foi feita 24 horas depois que a matança naquela região do estado do Rio atingiu seu ponto máximo, nos últimos cinco meses: minutos após a entrevista com o bispo, o mesmo repórter era indicado para "cobrir", na estrada do Quebra-Coco, em Belford Roxo, o resgate do 15º cadáver encontrado nos últimos dez dias. Como os anteriores, ele tinha as mãos amarradas às costas, uma marca de bala na nuca e muitas outras pelo corpo. E sua cabeça fora parcialmente queimada, de modo a dificultar a identificação.

O crime na estrada do Quebra-Coco ocorreu no sábado, dia 11. Na sexta-feira, em Nova Iguaçu (900 mil habitantes, décima cidade do país, 85% das ruas sem esgotos), uma mulher e seu filho de dezessete anos foram mortos com mais de trinta tiros por seis desconhecidos: no distrito de Morro Agudo, na rua do Saber, um homem foi encontrado morto com dois tiros; na estrada do Areal, em Vila de Cava, havia três corpos — três rapazes nus, baleados e semicarbonizados (no dia anterior, dois corpos tinham sido achados naquele local, nas mesmas condições); e em Queimados fora achada a sétima vítima, igualmente nua, baleada e semicarbonizada.

Naquele mesmo dia, na delegacia de Nova Iguaçu, telefonemas anônimos acusavam os policiais de descaso, pois não tinham se dado ao trabalho de tomar conhecimento de uma denúncia que indicava o local onde estaria um cadáver de mulher (nu, baleado, semicarbonizado).

As estatísticas, em virtude das últimas matanças, estão completamente desatualizadas. Mas sabe-se que, de janeiro a junho, dos 235 homicídios ocorridos na Baixada Fluminense, 68 eram de autoria desconhecida, e a maioria dessas vítimas não foi identificada. A idade desses mortos variava de dezesseis a 22 anos. Para a polícia existe uma única explicação: trata-se de "guerra de marginais". O delegado de Nova Iguaçu, Inácio Bagueira Leal, é mais explícito: "Esta cidade não é necessariamente violenta. O que acontece é que estão jogando os corpos aqui. De onde vêm, não sei".

As características dos crimes, no entanto, permitem uma divagação: eles são idênticos àqueles praticados na região, com mais ou menos intensidade, nos últimos oito anos, pelo chamado Esquadrão da Morte: os mortos geralmente têm as mãos amarradas com cordas de nylon e aparecem crivados de balas. Às vezes são também carbonizados, para dificultar a identificação. A única diferença em relação aos antigos crimes do Esquadrão é que esses *presuntos* (mortos, no jargão policial) não são mais apresentados pelos matadores com inscrições pregadas aos cadáveres (por exemplo: "Este aqui não rouba mais carros"), talvez porque esses mortos não tenham um passado digno de nota: os poucos identificados eram garotos sobre os quais não pesava qualquer acusação. Esses crimes vêm num crescendo, a partir de abril. Naquele mês, o policial Sérgio Rodrigues da Costa foi nomeado diretor do Departamento de Polícia do Interior, ao qual está afetada a Baixada Fluminense: esse departamento, até agora, não se mostrou particularmente empenhado em que esses crimes fossem esclarecidos.

Se esses 68 mortos fossem todos delinquentes, seria de se supor que, a essa altura, o crime estivesse em baixa na região. Isso, no entanto, não acontece, ainda a julgar pelas estatísticas. Em dezesseis meses, de junho de 1973 a outubro de 1974, a 3ª Vara Criminal de Nova Iguaçu recebeu 3,5 mil processos de assalto à mão armada. "Este ano", informa o juiz Newton Paulo Azeredo da Silveira, "já estamos com 2,2 mil processos, o que mostra que a criminalidade está aumentando." A maior preocupação da Justiça, na Baixada, é com os assaltos, diz o juiz. E esse incremento das estatísticas demonstra, segundo ele, que na origem de tudo está um grave problema de ordem social: "Em geral, os criminosos são pessoas que vêm de fora, sem raízes na cidade e que, não encontrando emprego, passam a enfrentar dificuldades econômicas. Esse também é o problema dos menores abandonados, futuros delinquentes de amanhã, o que gera um círculo vicioso".

Já o bispo Adriano Hipólito tem uma visão diferente do problema. "Se dificuldade econômica fosse causa de criminalidade, toda a população de Nova Iguaçu seria criminosa e, no entanto, seu povo não se caracteriza por nenhuma maldade especial. A problemática da Baixada é mais complexa, devido a seu crescimento caótico e à acentuada migração nordestina. A cidade não absorve essa gente do ponto de vista comunitário, e os poderes públicos precisam ter esse poder aglutinador."

De qualquer modo, a notícia de que num só dia foram achados sete corpos em Nova Iguaçu, todos com características de morte violenta e aparentemente executados pelo mesmo grupo, foi recebida com certa indiferença pela polícia do estado do Rio: naquele mesmo dia, num local ermo da Barra da Tijuca, fora achado o corpo do menino Celso Eduardo Melchior, sequestrado três meses antes em Copacabana, e esse crime, sim, mobilizou toda a polícia e provocou reuniões sucessivas da alta cúpula da Secretaria de Segurança Pública.

E embora outros corpos tenham sido encontrados durante toda a semana, a Baixada Fluminense só voltou realmente ao noticiário policial na quinta-feira, por causa de um incidente cômico: a Subdelegacia de Morro Agudo (distrito de Nova Iguaçu cujo nome verdadeiro — e detestado pelos seus moradores — é Comendador Soares) fora despejada no dia anterior, por falta de pagamento dos aluguéis, atrasados desde 1968. O subdelegado José Batista da Costa, depois de entregar as chaves ao representante do proprietário e mobilizar sua equipe — alguns homens que colaboram gratuitamente com a subdelegacia, já que esta não possui, além dele, um só funcionário, nem mesmo um escrivão —, jurou que ele, como comandante que era, "não abandonaria o barco". E saiu a pé (a subdelegacia não tem carro) à procura de um lugar onde instalar a repartição policial.

Após andar muito (Morro Agudo, 130 mil habitantes, tem setenta quilômetros quadrados), José Batista, já ao anoitecer, anunciou que encontrara o lugar ideal para instalar provisoriamente a subdelegacia: um quarto em obras num depósito de bebidas. "O proprietário ficou contentíssimo com a ideia", ele explicou, "pois é assaltado pelo menos uma vez por semana: e com a polícia lá dentro, certamente que isso não vai mais acontecer."

José Batista da Costa prometeu ainda que não entregaria Morro Agudo aos delinquentes, e com isso mostrou-se mais firme que seu antecessor, Veldemiro Gomes. Este, no ano passado, um belo dia despediu-se dos "colaboradores", fechou a subdelegacia e foi embora para casa, em Niterói. Procurado dias depois pelos colegas policiais, explicou por que não pretendia voltar a trabalhar em Morro Agudo: "Eu desisti daquele lugar, já não aguentava mais".

E os outros, "São Figueiredo"?

A santa indignação de Figueiredo com a morte
do servente não mudou coisa alguma
MOVIMENTO, 9 A 15 DE JULHO DE 1979

Lembram-se da chacina de Vila de Cava?* Na noite do dia 5 de
agosto de 1974, dois menores — Pedro Paulo da Silva, dezessete
anos, e outro, de quinze anos, que nunca foi identificado — foram
mortos com mais de cinquenta tiros por dois soldados da Polícia
Militar do estado do Rio quando dormiam dentro de uma casa
de Nova Iguaçu, na Baixada Fluminense. A notícia da chacina,
publicada nos jornais, provocou imediata reação do presidente
Geisel: ele determinou que o ministro da Justiça mandasse apurar
o caso, visando à punição dos culpados. Dois anos depois, o grande
júri, reunido no foro de Nova Iguaçu, decidiu que os soldados
da PM — Artur Sergio Machado e Genésio Vicente Viana —, ao
matar os dois menores, estavam agindo "no estrito cumprimento
do dever", e por isso os absolveu. Entre as provas que ajudaram o
júri a chegar a essa decisão havia um bilhete assinado pelo coronel

---

* Ver "A exceção e a regra", neste livro.

João Inácio da Silva — à época do crime, secretário da Segurança do Estado do Rio —, endereçado ao soldado Artur, nos seguintes termos: "Caro Artur. A grandeza dos homens se avalia pela forma como sabem enfrentar e vencer os sofrimentos. Você tem sido um homem. Continue a sê-lo".

É por conta de avais como este que, nas páginas dos jornais, têm sido rotineiras as notícias sobre violências policiais — geralmente contra cidadãos inocentes, cometidas pelo que se poderia chamar de "excesso de zelo". Nas repartições policiais cariocas, todo mundo é culpado até que consiga provar o contrário.

Assim, não é de espantar que, cinco anos após Vila de Cava, outro presidente da República, o general João Batista, sabendo, sempre através dos jornais, de um desses casos de violência, determine ao seu ministro da Justiça que o investigue com o máximo rigor, "visando à punição dos culpados".

A vítima dessa vez foi Aézio da Silva Fonseca, servente do elegante Clube Itanhangá, preso num fim de semana pelos policiais da 16ª DP, após ter brigado com a ex-mulher, e cujo cadáver foi entregue dias depois à mulher atual, com uma explicação sumária: "Ele se enforcou no xadrez". Durante o período em que Aézio esteve preso na 16ª DP, d. Nilza de Alvarenga, sua atual mulher, foi lá procurar o marido várias vezes. Numa delas, um policial disse que seu marido "era miserável, sem-vergonha, que tinha que morrer no pau".

Falamos em rotina? É isso aí: o caso de Aézio, ainda que beneficiado pela indignação do presidente Figueiredo, divide o noticiário dos jornais com o caso das "famílias presas ilegalmente por policiais da 38ª DP e do 3º Setor Operacional de Roubos e Furtos" (estamos citando o vetusto *Jornal do Brasil* do último dia 3). Cada membro de uma dessas famílias tem uma história de violência a contar: desde o rapaz que teve parte dos testículos arrancados a alicate até a mãe de uma criança de dois anos, d. Maria Cardoso, que foi presa com o filho. Tudo isso porque um membro da família era suspeito da morte de um policial. Só que ele não foi reconhecido pelas testemunhas do crime.

No caso das famílias, a falta dos laudos dos exames de corpo de delito permite aos policiais contestarem suas declarações. Enquanto d. Ilza Ataíde Cardoso, uma das presas, diz que "durante sete dias, sempre de madrugada, escutou o filho Kelson berrando de dor dos golpes que recebia no pau de arara", o delegado Moacir Lhama, da 38ª DP, onde todos ficaram presos, responde que as famílias foram à repartição "por vontade própria". Mas no caso de Aézio, já não é possível a polícia fazer declarações como essa: o laudo cadavérico relevou que ele morreu por asfixia mecânica, sim, mas depois de sofrer "ferimentos provocados por ação violenta".

De Vila Cava ao Itanhangá: alguma coisa mudou? Aos que se mostrarem excessivamente otimistas ante a santa indignação do presidente Figueiredo, lembramos o que está acontecendo com o coronel Medina, da PM, até o final da última semana comandante do 5º Batalhão. Ele conseguiu a proeza de ser indiciado ao mesmo tempo na justiça comum e militar, no inquérito que apura a morte de Robson Alves (um rapaz que teria roubado o toca-fitas do carro do coronel), num anexo do quartel. No entanto, ao deixar o comando do batalhão, ele mereceu não apenas elogios oficiais dos seus superiores, como, em sinal de apreço, uma placa de ouro oferecida pelos seus subalternos.

Ibrahim Sued: *Vinte anos de caviar*

Com o lançamento de seu livro, o colunista
faz um balanço dos vinte anos de convivência
com celebridades. Mas a elite de Ibrahim não
é mais a elite do poder. Tecnocratas discretos
substituíram as panteras louras e cintilantes

OPINIÃO, 27 DE NOVEMBRO A 4 DE DEZEMBRO DE 1972*

Quando Ibraim Sued estreou na crônica social (a 25 de agosto
de 1954, um dia após a morte de Getúlio Vargas), o Rei da Vela
já havia literalmente devorado os Barões do Café e instalara-se
comodamente na vida brasileira ostentando o pomposo título de
burguesia nacional.

Começava, então, um período que o então filho de imigrantes
libaneses iria viver profundamente — mesmo sem entendê-lo — e
que, agora, tenta resumir nas 204 páginas do seu livro *Vinte anos
de caviar*. Para os sociólogos, nesse período surgiu, desenvolveu-se
e entrou em decadência todo um grupo de burgueses nacionais
responsáveis pelo impulso inicial de industrialização.

Ibrahim ainda hoje não esconde seu fascínio pelas panteras

---

* No final desta reportagem, há a seguinte informação: "A parte deste artigo
que se refere aos Guinle foi retirada de uma pesquisa da repórter Silvia Helena
Rodrigues".

de matéria plástica de nome pomposo, ideal erótico do pobre rapaz que em 1949 morava numa pensão no Catete. Mas para ele esses vinte anos seriam importantes apenas pelo fato de, após abrir caminhos a socos, marteladas e pontapés, enquanto amealhava riquezas e títulos que agora ostenta — seus filhos são De Sued —, ter estado sempre à frente dessa elite nebulosa que chama Café-Society.

Ao contrário do que pode parecer aos leitores das colunas sociais alheios às sutilezas genealógicas, o Café-Society não reúne necessariamente a fina flor da sociedade — levando-se em conta que essa fina flor, além de um elemento básico, o dinheiro, deve possuir dois outros da mesma forma importantes: nome e poder. No Café-Society misturam-se, na verdade, os principais habitantes do mundo das celebridades — os artistas, a elite institucional, os empresários, que "buscam uns nos outros apoio às suas pretensões de prestígio". Para viver, esse mundo precisa estar permanentemente sob a luz dos *spotlights*. Seus habitantes vivem a apregoar, num evidente exibicionismo, seus atos e relações. O que comem, como vestem (em 1954, Josefina Jordan aparecia em todas as colunas ao declarar, voltando de Paris, que trouxera em sua bagagem 32 pares de sapatos Christian Dior), para onde vão. Seus gostos — ou a versão desses gostos que o colunismo social tornou público — são apregoados como ideais. E é aí que entra o importante papel do colunista social: é ele quem dá ao Café-Society a publicidade de que este necessita.

Nesses vinte anos de caviar, a missão principal de Ibraim Sued, o mais bem-sucedido dos colunistas sociais, foi dar a impressão — através do jogo da notícia que mistura nomes como Almeida Prado e Cunha Bueno com Chamma e Pitangui — de que o Café-

-Society é a cúpula da sociedade brasileira. E ele se saiu muito bem nessa missão. Alguns dos seus personagens não têm acesso a determinadas casas de alta linhagem reconhecida. Ibrahim diz: "D. Maria Cecília Fontes nunca me convidou. Bem, mas como eu também nunca a convidei, é possível que esteja esperando que eu o faça". Mesmo assim, são eles que, sob as luzes do sucesso e nas colunas sociais, são imediatamente reconhecíveis pelo povo, para os quais foram transformados em ideais. Como diz Wright Mills a propósito do Café-Society norte-americano, a publicidade fez com que ele tomasse o lugar "das quatrocentas famílias de linha; a tinta de imprensa substituiu o sangue azul, e a chave de ingresso nesse mundo é uma forma de talento na qual predomina a energia para conseguir o êxito que se espera, ao invés da tradição de formação ou dos costumes proporcionados pela riqueza herdada".

Da primeira coluna assinada às que agora faz notam-se ligeiras modificações que ele considera revolucionárias e fruto de seu "faro" de repórter, mas que, na verdade, ocorreram segundo um processo cujos motivos lhe escapam (um exemplo: a substituição do político paternalista pelo tecnocrata fez com que desaparecessem de suas colunas os senadores e deputados que, até 1955, costumavam dividir com os grã-finos e as celebridades as mesas do Vogue). Apesar da mudança dos personagens e do estilo, durante vinte anos Ibrahim empenhou-se em dar força a esse grupo do qual ele é o exemplo perfeito; em vez do nome de quatrocentos anos, a celebridade profissional, "o supremo resultado de um sistema de estrelas de uma sociedade que fez da competição um fetiche"; em vez da ex-interna do Sion, o ideal pantera-sexy cujo passado nebuloso inclui um desquite; em vez do tetraneto do bandeirante, o executivo que espalha notas de cem cruzeiros por todos os lados.

* * *

Em 1944, Jorge Eduardo Guinle casava em Beverly Hills com Dolores Sherwood. No mesmo ano, em São Paulo, casava Filly Matarazzo, filha do industrial (e conde, à força de um título comprado) Francisco Matarazzo. A revista *Sombra*, dirigida por Alloysio Salles e Walter Quadros, nomes ligados à velha aristocracia, dedicava páginas ao último casamento, mas não deixava de se desculpar: "Os condes de Matarazzo edificaram em São Paulo a mais alta das aristocracias — a aristocracia do trabalho. O primeiro conde Francisco Matarazzo criou essa nobreza acessível a todos os homens, por mais obscuros e humildes que sejam".

Essa "nobreza acessível a todos os homens" guiaria Ibrahim Sued em seus primeiros passos, dez anos depois. Nas mesas do Vogue ele descobriria sempre um meio de sentar entre Guinle e um Orleans e Bragança, mas sem esquecer os nomes menos tradicionais que, como o dele, ocupavam as mesas próximas. A Turma dos Cafajestes, que segundo ele reunia "rapazes e moças de boa família", era, na verdade, muito eclética, embora uma coisa igualasse seus membros: o dinheiro. De Alberto Sued e Mário Saladini ao príncipe dom João, estavam todos lá. Era o começo. Nos anos seguintes, enquanto dom João continuaria a aspirar à herança de um trono inexistente, os Chamma, Sued e Saladini se transformariam nos empresários brasileiros e formariam a principal clientela de Ibrahim. E para que a esses homens fosse dado um destaque ainda maior, surgiriam, ao lado deles, suas mulheres, transformadas em deusas pelos colunistas, a disputar com as estrelas do teatro e cinema cada centímetro das páginas sociais. Mais que seus maridos, a essas mulheres caberia, nesses vinte anos, manter acesa a chama que agora parece trêmula e que desperta em Ibrahim os primeiros sinais de nostalgia ("Não há quem aguente vinte anos de champanhota e caviar"). As Teresa, as Carmem, as Lourdes (agora desquitada, mas sem mudar de nome porque "uma vez Catão, sempre Catão") dariam durante duas décadas uma impressão de eternidade e de imutabilidade das coisas que, no mínimo, seria muito conveniente aos seus maridos e ao que eles representavam.

Mas, assim como o casamento aparentemente perfeito de Álvaro e Lourdes acabou, as coisas mudaram. Primeiro, é possível disfarçar tais mudanças: o rosto de Teresa, sob as mágicas mãos de Pitangui, perdeu as finas rugas que ostentava alguns anos atrás. Mas as crises, certamente provocadas por essas mudanças, são difíceis de esconder. Teresa trabalha como decoradora, e suas amigas, que a consideram "uma mulher muito forte", não se furtam à oportunidade de comentar — ainda que penalizadas — o fato de que os negócios de Didu estão atravessando uma fase difícil.

Embora os nomes ainda sejam os mesmos, o cenário agora é outro. Os personagens de Ibrahim já não são aqueles que, na década de 50, davam as cartas. O poder, quase imperceptivelmente, passou para outras mãos. E se a elite imposta pelo colunismo ainda tem os mesmos nomes, se seus homens ainda ostentam os mesmos bigodes e suas mulheres, a mesma eterna juventude, os poderosos — do tecnocrata aparentemente sem expressão escondido nos subsolos dos ministérios aos gerentes das grandes empresas — agora são outros. Se diante desses o colunista já não mostra o mesmo entusiasmo é porque (e eis o motivo de sua nostalgia) eles não têm o mesmo apelo, a mesma força dos self-made men que, como Ibrahim, abriram clareiras de luz em torno de si.

Depois de 1960, o Rei da Vela — ele próprio várias vezes devorado no jogo da competição — viu esgotadas as oportunidades fáceis de bons negócios e começou a perder importância em relação aos grandes grupos estrangeiros. Os frios números, poucos de acordo com a festa aparente em que viviam esses empresários surgidos nos anos 50, indicam que, na década de 60, as indústrias chamadas de bens de consumo corrente — em mãos do capital nacional — estagnaram, enquanto se desenvolviam as indústrias de bem de consumo durável e de bens de capital, controladas pelo capital estrangeiro. Os empresários brasileiros que continuaram crescendo tiveram que se associar a grupos estrangeiros, onde ficaram como sócios minoritários ou como simples testas de ferro. Essa evolução foi acompanhada da "despersonalização" do setor privado. Quem são hoje os donos das grandes empresas? Quem é o dono da Volkswagen, da IBM ou da General Electric? É provavelmente o conselho administrativo da assembleia de acionistas, com sede em Wolfsburg, Detroit ou Nova York. É alguma coisa que pode ser citada por seu volume de negócios ou por seus novos investimentos, mas que não dá festas aparatosas nem veste isso ou aquilo.

Quem se der ao trabalho de analisar as várias fases do colunismo de Ibrahim Sued verá que ele, embora apregoando a cada instante que o sonho absolutamente não acabou, acompanhou a mudança visível e a trajetória do poder: quando os senadores e deputados perderam a importância, ele os aboliu de sua coluna. Depois, os grupos financeiros, as entidades sem nenhuma personalidade forte a liderá-las, começaram a surgir com mais frequência. Para compensar a aparente falta de apelo, as frases marcantes ("Cavalo não desce escada"). Por trás desse novo mundo, o colunista continuava movimentando aquele outro mundo ao qual permanecia fiel. O Café-Society, guiado pelas mãos do ex-filho de libaneses, hoje De Sued, fazia tudo por parecer o mesmo. Nas festas, a alegria ainda era a mesma. As noites terminavam da mesma maneira, as boates da moda mudavam de nome mas reuniam a mesma distinta clientela. Mas a história aí está, a provar que já não se come caviar como antigamente.

Vinte anos de caviar e *Roleta russa*, duas obras onde existe a marca registrada de Ibrahim (o livro foi "compilado" por Aloísio Neves e Wilson Cunha, o filme escrito e dirigido por Bráulio Pedroso), têm o Café-Society como tema. No livro, o tom é de nostalgia. No filme, de decadência. Nos dois, tudo muito velado. No livro, o colunista, depois de explicar as razões das mudanças de sua coluna que agora é, segundo ele, "a gigantesca súmula da memória nacional", volta a insistir na tese de que "o sonho não acabou":

"Esta memória, evidentemente, não repudia o *society*. Continuo acreditando no poder da elite — sua capacidade de renovação, o interesse dos que não conseguem chegar a ela e desejam saber como vive. A elite sempre existiu e vai continuar existindo."

E Ibrahim mostra o quanto tem faro ao dizer, mais adiante, que essas mudanças só não abriram as portas para a *periferia*: "Esta, *sorry*, continua na geladeira, que é realmente o seu lugar".

A fase final dessa era que teve em Sued seu grande cronista está bem clara em seu livro, não contada por ele, mas sim por Jorginho Guinle, que, num capítulo especial, fala de sua família.

Carlos e Guilherme, Jorginho e Carlos Filho, membros de uma ilustre família que veio da Bretanha para civilizar a bárbara cidade do Rio de Janeiro, financiaram o florescimento das artes (Carlos pagou as primeiras impressões das partituras de Villa-Lobos), construíram o primeiro hotel elegante da cidade (o Copacabana Palace), fundaram os primeiros clubes de automobilismo, criaram tradição e juntaram uma fortuna bastante grande para lhes garantir uma aliança duradoura com os Reis da Vela, a quem se misturaram sem deixar de manter um certo ar de superioridade. Jorginho, em cujas glórias está o fato de ter pagado cinquenta dólares a uma prostituta num bordel de Los Angeles, uma moça cujo nome, então desconhecido, era Marilyn Monroe (ele conta essa história no livro de Ibrahim), fala dos Guinle, sua família, de uma maneira que poderia ser aplicável a todo o Café-Society do qual (os tempos mudam) a figura mais importante hoje em dia é o colunista:

"Creio, realmente, que nenhum Guinle tem do que se queixar. Todos nós aproveitamos muito a vida, levamos uma existência magnífica, gastando obviamente o dinheiro ainda herdado de meu avô e pai. Tudo isto — as residências e festas faustosas, as excentricidades, as incríveis doações — criou a imagem que nossa família mantém até hoje: pessoas interessadas em sorver tudo o que uma existência possa oferecer, da melhor forma possível. Sorvendo, não tivemos tempo para produzir. Mas o que temos dá para nos mantermos, fazermos nossas viagens de vez em quando, prolongar a tradição dos Guinle: o bom gosto..."

E numa entrevista a Justino Martins concluía de maneira desoladora: "No meu estado atual eu poderia ser senador ou capitão de indústria. E daí? O mundo está cheio deles e nem por isso melhora. Não me tome por pândego, mas eu prefiro uma atitude contemplativa, uma vida edênica".

A elite Ibrahim já não é mais, portanto, a elite do poder. Após vinte anos de caviar, o Café-Society, com sua horda de privilegiados Reis da Vela, vê chegada a hora de ser devorado.

ESTA OBRA FOI COMPOSTA PELA ABREU'S SYSTEM EM ADOBE GARAMOND
E IMPRESSA EM OFSETE PELA LIS GRÁFICA SOBRE PAPEL PÓLEN SOFT DA
SUZANO PAPEL E CELULOSE PARA A EDITORA SCHWARCZ EM JUNHO DE 2016